DIVERSIDADE, RECONHECIMENTO E IDENTIDADE
NOTAS TEÓRICAS A PARTIR DA COMUNICAÇÃO

Editora Appris Ltda.
1.ª Edição - Copyright© 2024 do autor
Direitos de Edição Reservados à Editora Appris Ltda.

Nenhuma parte desta obra poderá ser utilizada indevidamente, sem estar de acordo com a Lei nº 9.610/98. Se incorreções forem encontradas, serão de exclusiva responsabilidade de seus organizadores. Foi realizado o Depósito Legal na Fundação Biblioteca Nacional, de acordo com as Leis nᵒˢ 10.994, de 14/12/2004, e 12.192, de 14/01/2010.

Catalogação na Fonte
Elaborado por: Josefina A. S. Guedes
Bibliotecária CRB 9/870

L694d
2024
	Libardi, Guilherme Barbacovi
	    Diversidade, reconhecimento e identidade: notas teóricas a partir da comunicação / Guilherme Barbacovi Libardi. – 1. ed. – Curitiba: Appris, 2024.
	    77 p. ; 21 cm. (Ciências da Comunicação).
	
	    Inclui referências
	    ISBN 978-65-250-3850-6
	
	    1. Diversidade. 2. Reconhecimento. 3. Identidade. 4. Comunicação. 5. Sociologia. I. Libardi, Guilherme Barbacovi. II. Título. III. Série.
	
	    CDD – 302.2

Livro de acordo com a normalização técnica da ABNT

Appris
editora

Editora e Livraria Appris Ltda.
Av. Manoel Ribas, 2265 – Mercês
Curitiba/PR – CEP: 80810-002
Tel. (41) 3156 - 4731
www.editoraappris.com.br

Printed in Brazil
Impresso no Brasil

Guilherme Barbacovi Libardi

DIVERSIDADE, RECONHECIMENTO E IDENTIDADE

NOTAS TEÓRICAS A PARTIR DA COMUNICAÇÃO

Appris editora

Curitiba, PR
2024

FICHA TÉCNICA

EDITORIAL Augusto V. de A. Coelho
Sara C. de Andrade Coelho

COMITÊ EDITORIAL Marli Caetano
Andréa Barbosa Gouveia - UFPR
Edmeire C. Pereira - UFPR
Iraneide da Silva - UFC
Jacques de Lima Ferreira - UP

SUPERVISOR DA PRODUÇÃO Renata Cristina Lopes Miccelli

PRODUÇÃO EDITORIAL Sabrina Costa

REVISÃO Monalisa Morais Gobetti

DIAGRAMAÇÃO Renata Cristina Lopes Miccelli

CAPA Carlos Pereira

REVISÃO DE PROVA Raquel Fuchs

COMITÊ CIENTÍFICO DA COLEÇÃO CIÊNCIAS DA COMUNICAÇÃO

DIREÇÃO CIENTÍFICA Francisco de Assis (Fiam-Faam-SP-Brasil)

CONSULTORES

Ana Carolina Rocha Pessôa Temer
(UFG-GO-Brasil)

Antonio Hohlfeldt
(PUCRS-RS-Brasil)

Carlos Alberto Messeder Pereira
(UFRJ-RJ-Brasil)

Cicilia M. Krohling Peruzzo
(Umesp-SP-Brasil)

Janine Marques Passini Lucht
(ESPM-RS-Brasil)

Jorge A. González
(CEIICH-Unam-México)

Jorge Kanehide Ijuim
(Ufsc-SC-Brasil)

José Marques de Melo
(*In Memoriam*)

Juçara Brittes
(Ufop-MG-Brasil)

Isabel Ferin Cunha
(UC-Portugal)

Márcio Fernandes
(Unicentro-PR-Brasil)

Maria Aparecida Baccega
(ESPM-SP-Brasil)

Maria Ataíde Malcher
(UFPA-PA-Brasil)

Maria Berenice Machado
(UFRGS-RS-Brasil)

Maria das Graças Targino
(UFPI-PI-Brasil)

Maria Elisabete Antonioli
(ESPM-SP-Brasil)

Marialva Carlos Barbosa
(UFRJ-RJ-Brasil)

Osvando J. de Morais
(Unesp-SP-Brasil)

Pierre Leroux
(Iscea-UCO-França)

Rosa Maria Dalla Costa
(UFPR-PR-Brasil)

Sandra Reimão
(USP-SP-Brasil)

Sérgio Mattos
(UFRB-BA-Brasil)

Thomas Tufte
(RUC-Dinamarca)

Zélia Leal Adghirni
(UnB-DF-Brasil)

PREFÁCIO

Contornando o identitarismo

Na origem deste livro, está a tese defendida por Guilherme Libardi — "Os sentidos da diversidade no Brasil polarizado: impasses e afinidades entre minorias progressistas e conservadoras" —, cujas palavras-chaves (diversidade, minorias sociais, interseccionalidade, consumo midiático, produção de sentido) revelam a dimensão e a complexidade do objeto de seu estudo, a atualidade das questões que abordou e seu desafio teórico-metodológico. Esses procedimentos empíricos tiveram que ser redimensionados com o surgimento da pandemia do coronavírus em plena realização da pesquisa de campo.

O amparo teórico para a formulação da tese foi o *Mapa do Sensorium Contemporâneo* de Jesús Martín-Barbero, que desenvolveu sua proposta, como sabemos, na angulação com os Estudos Culturais Britânicos, mas fortemente enraizada nos teóricos latino-americanos vindos de diferentes áreas do conhecimento social.

Como compete a um pesquisador consequente com suas escolhas, Guilherme enfrentou cada uma das palavras-chaves conceitualmente, recuperando as perspectivas teóricas que subjazem o debate acadêmico, mas não ficou só nesse campo, indo em busca da circulação social, em especial o tema da diversidade. Ela foi o norte da pesquisa porque seu objetivo era compreender de que maneira repercute na produção de identidades, por meio das práticas de consumo midiático entre minorias sociais, progressistas e conservadoras.

No rastro dessa relação entre diversidade e identidade, tratou também das diferenças, do reconhecimento e da interseccionalidade para aproximar-se melhor dos processos de interpretação e apropriação dos conteúdos midiáticos. Não foi pouco o que articulou e interseccionou para tentar aproximar-se o máximo possível das várias dimensões que compõem a atmosfera que circunda o consumo midiático e os elementos que o configuram, que por sua vez são constitutivos das identidades e dos reconhecimentos.

Identificadas empiricamente as mediações constitutivas dos processos e práticas midiáticas das pessoas investigadas, pode-se observar o modo como cada segmento estudado — interseccionado por faixa etária, raça, gênero e sexualidade — interpreta e aceita, rejeita ou negocia com os conteúdos midiáticos, e o que os diferencia entre si nesse processo. Guilherme conclui que os progressistas relativizam a maioria das representações veiculadas pela mídia em nome da visibilidade das diferenças, enquanto os conservadores tendem a opor-se enfaticamente a elas. Na produção de sentido e nos usos que os progressistas fazem da diversidade, emerge a vontade de reconhecimento, mediada pela cidadania e articuladas pelas narrativas, segundo o modelo *barberiano*. Entre os conservadores, a produção de sentido é articulada principalmente pela religião, mediação que se tornou visível durante o trabalho empírico, assim como as posições políticas não previstas no projeto, que foi concebido em período anterior ao acirramento da polarização que assolou o país.

Ressalto isso porque, tendo acompanhado o desenvolvimento da pesquisa muito de perto, como orientadora, testemunhei os vários movimentos imprevistos que tiveram que ser realizados para dar conta do objeto empírico, sem os quais haveria o risco de tornar-se uma pesquisa apenas comprobatória dos conceitos e categorias que forjaram seu ponto de partida. Nesse sentido, foi muito importante ter trabalhado com um grupo bastante heterogêneo — jovens, adultos e idosos; negros, indígenas e brancos; não binários, cis e transgêneros; lésbicas, gays, bissexuais, heteros e pansexuais, composto de maneira interseccional. Esse raro esforço nos atuais estudos que envolvem a relação de sujeitos com a mídia, trouxe para o cenário dados surpreendentes para repensar os estudos que a exploram para pensar as identidades e vice-versa.

Também ressalto o esforço do autor para não cair na tentação de tratar das identidades sem levar em conta as armadilhas que podem levar a muitas contradições entre teorias e empiria, assim como a essencialismos políticos que poderiam beirar a um estudo com contornos identitaristas, como os apontados e criticados por Elisabeth Roudinesco em seu provocador livro *O Eu Soberano. Ensaio sobre as derivas identitárias.*

Em *Diversidade, reconhecimento e identidade: notas teóricas a partir da Comunicação,* recorte da tese apresentado aqui, Guilherme valeu-se das preocupações de Antônio Flávio Pierucci em *Ciladas da Diferença,* o qual alerta para o risco de certas pautas da esquerda como o direito à diferença — tidas como progressistas, inovadoras, humanitárias e emancipatórias — terem origem na direita que sempre clamou pela diferença, tendo o racismo como sua consequência principal.

Pierucci (1999) aponta para o perigo de radicalizar o discurso da diferença em detrimento das pautas da igualdade, cujo núcleo de reivindicações remete-se à Declaração Universal dos Direitos Humanos (1948), esse sim o maior temor da direita que perderia seus mais caros e históricos privilégios. Roudinesco (2022) também pondera sobre os prejuízos para as lutas sociais a fragmentação causada pelo que vem sendo chamado de identitarismo, ressaltando que na origem as reivindicações das minorias eram legítimas e urgentes, mas acabaram resultando em derivas que trazem em seu bojo as próprias lógicas que combatem.

A problemática é complexa porque há muitas e mútuas implicações quando estão em pauta as identidades de minorias, por isso Guilherme incorporou o debate sobre a diversidade, que ganhou protagonismo teórico, político e midiático nos últimos tempos. Identidade e diferença, igualdade e diversidade, representação e reconhecimento, entre outras tantas oposições que podem se cruzar, são contrapartidas que ganham maior visibilidade quando o empírico é explorado. E foi no trabalho de campo, auscultando idiossincrasias das pessoas que entrevistou, que o autor se deparou com demandas teóricas que o levaram a abrir o debate para analisar os pesos e contrapesos que compõem a configuração e formação das identidades, especialmente das minorias.

O resultado desse esforço competente está plasmado neste livro. Ler a tese pode ajudar a entender a origem desse percurso. Recomendo as duas leituras.

Nilda Jacks

Professora no PPG em Comunicação da UFRGS

Porto Alegre, verão de 2024

SUMÁRIO

INTRODUÇÃO..11

1
PARA ENTRAR NO DEBATE SOBRE DIVERSIDADE:
A PERSPECTIVA DAS DIFERENÇAS..19
1.1 PROCESSOS DE HIERARQUIZAÇÃO.. 20
1.2 DIFERENÇAS NATURAIS E CONSTRUÍDAS...............................23

2
PARA CONCEITUAR DIVERSIDADE: PERSPECTIVA
SOCIOLÓGICA...31
2.1 CONTRIBUIÇÕES DE RENATO ORTIZ...34

3
PARA PENSAR DIVERSIDADE COMO QUESTÃO DE
RECONHECIMENTO: O PAPEL DA COMUNICAÇÃO...........49
3.1 ESTUDOS CULTURAIS E AS PERSPECTIVAS BARBERIANAS
SOBRE IDENTIDADE...49
3.2 TEORIA DO RECONHECIMENTO E SUAS CONTRIBUIÇÕES PARA
O CAMPO DA COMUNICAÇÃO..55

CONCLUSÃO..69

REFERÊNCIAS..71

INTRODUÇÃO

Este livro aborda os imbróglios conceituais em torno do termo "diversidade" e propõe caminhos teóricos para a questão desde um ponto de vista sociológico e comunicacional. Trata-se do resultado da pesquisa bibliográfica empreendida pelo autor em sua tese de doutorado em Comunicação e Informação[1], cujo objetivo foi compreender de que modo o tema da "diversidade" circula entre, de um lado, minorias sociais alinhadas aos ideais progressistas; e de outro, minorias que valorizam os ideais conservadores. Para tanto, foi necessário enquadrar o referido termo em uma moldura científica, ou seja, retirá-lo do fantástico mundo do senso comum e tratá-lo como objeto teórico, como uma problemática. *Diversidade*, entretanto, é um termo que se atravessa não apenas no campo da grande área das ciências humanas, e nem sempre é tida como algo útil e produtivo.

No universo da computação, a diversidade pode ser uma desvantagem. Embora não seja um termo empregado tecnicamente, ela "atrapalha" o funcionamento da indústria, fazendo com que hardwares, softwares, conectores, formatos etc., não se comuniquem entre si. O sistema operativo Windows pode se adaptar a diversos tipos de computadores pessoais, garantindo maior sucesso comercial. Já o sistema macOS restringe seu funcionamento apenas para os equipamentos Apple, o que limita a sua expansão de mercado, embora ganhe em qualidade de produto.

No campo da Biologia e da Ecologia, a diversidade é encarada como algo positivo, caracterizando a convivência equilibrada entre diferentes componentes da natureza (espécies de animais e de paisagem) distribuídas na comunidade (espaço físico) em questão, podendo inclusive ser mensurada. Estudos recentes atribuem à diversidade um significado elementar no equilíbrio ecológico, destacando ainda a noção de *biodiversidade* (VOIGT; WURSTER,

---

[1] Disponível em https://lume.ufrgs.br/handle/10183/231842.

2014) que, frente aos desafios climáticos, ganha cada vez mais centralidade no mundo científico. A título de exemplo, no relatório da *Convenção de Diversidade Biológica* (CDB) de Paris, em 2011, os cientistas e autoridades relatam a preocupação com a *perda* da biodiversidade em nível global, destacando a relevância da pesquisa e da economia: "A ciência foi uma ferramenta vital para a investigação das raízes da perda da biodiversidade e para demonstrar as conexões entre questões de biodiversidade e outras, enquanto a economia foi chave para endereçar tais questões" (CBD, 2010, p. 10, tradução nossa)[2]. Não restam dúvidas de que a diversidade, para as ciências biológicas, é algo bom, visto como indicador de "riqueza" e que deve ser amplamente estimulada e preservada.

Podemos falar sobre diversidade, também, na Arquitetura. No início da década de 1960, a aproximação das discussões políticas e do planejamento urbano consolida-se a partir do debate sobre os usos sociais das grandes cidades. Jane Jacobs, jornalista canadense e ativista política, propõe uma nova forma de observar e analisar os fenômenos urbanos tomando Nova Iorque como laboratório. Em uma de suas principais obras, a autora questiona: "como as cidades podem gerar uma mistura suficiente de usos – uma diversidade suficiente –, por uma extensão suficiente de áreas urbanas para preservar a própria civilização?" (JACOBS, 2011, p. 104). A autora destaca a potência das metrópoles em produzir diversidade — ainda que, muitas vezes, mal distribuída —, preocupando-se em como as cidades fornecem condições para que todos e todas coabitem harmonicamente e acessem e use os espaços urbanos — vizinhanças, parques, fábricas, escritórios, pequenos comércios — de maneira democrática. Jacobs, assim, defende uma diversidade planejada mediante diretrizes de zoneamento urbano geradoras do bem-estar social, mesmo estando ciente da imprevisibilidade que estará sempre em jogo:

---

[2] No original: *"Science was a vital tool in the investigation of the root causes of biodiversity loss and to demonstrate the links between biodiversity issues and other issues, while economics was the key to being able to address the issue".*

> Não resta dúvida de que as áreas urbanas com diversidade emergente geram usos desconhecidos [...] e perspectivas visuais peculiares. Mas não se trata de um inconveniente da diversidade. Trata-se da questão essencial, ou parte dela. Isso está de acordo com uma das atribuições das cidades (JACOBS, 2011, p. 167).

Assim, a discussão sobre diversidade, na Arquitetura, inaugura-se de um ponto de vista que reconhece o espaço urbano como um gerador de socialidades imprevisíveis, responsável por animar e sustentar usos diversos por diferentes grupos em nome de uma cidade viva e inclusiva.

Conforme é possível observar, da informática à arquitetura, a palavra "diversidade" encontra correspondências, sendo mobilizada reflexivamente, produzindo chaves de pensamento que levam às especificidades técnicas, biológicas, sociais e políticas de cada campo. Ou seja, a ideia de *diversidade* não se encerra em si mesma — ela alarga o debate em diferentes instâncias, como é possível observar, também, no relatório da *31ª Conferência Geral da UNESCO* que ocorrera em 2002, em Paris, intitulado *Declaração universal da Unesco sobre diversidade cultural*. O documento foi elaborado no contexto das tensões diplomáticas que sucederam o *11 de setembro* nos Estados Unidos. O diplomata japonês Koïchiro Matsuura, diretor da Unesco à época, introduz o texto do relatório salientando a urgência de se elaborar políticas que promovam e preservem a diversidade em nível global:

> A Declaração Universal torna claro que cada indivíduo deve reconhecer não apenas o outro em todas as suas formas, mas também a pluralidade da sua identidade no contexto das sociedades que são, por si, plurais (UNESCO, 2002, p. 11, tradução nossa)[3].

O relatório também apresenta 12 princípios a serem seguidos para a promoção da diversidade, além de 20 estratégias para a promoção da "diversidade cultural" conforme compreendida pela Unesco. No que concerne à mídia, é salientada a importância da

---

[3] No original: *"The Universal Declaration makes it clear that each individual must acknowledge not only otherness in all its forms but also the plurality of his or her own identity, within societies that are themselves plural".*

> [...] produção, garantia e disseminação de conteúdos diversos na mídia e nas redes globais de informação e, para esse fim, promover o papel dos serviços de rádio e televisão públicos no desenvolvimento de produtos audiovisuais de boa qualidade [...] (UNESCO, 2002, p. 16, tradução nossa)[4].

O dia 21 de maio, data de aprovação do relatório, foi proclamado como o Dia Mundial da Diversidade Cultural para o Diálogo e o Desenvolvimento. Assim, anualmente nessa data, a questão da diversidade entra em pauta nas discussões da Unesco. Em maio de 2018, a francesa Audrey Azoulay, diretora-geral da Organização no período, alertou para a necessidade de promover as culturas ameaçadas de homogeneização, colocando em questão, também, o debate identitário, mencionando que

> [...] ser capaz de construir livremente a própria identidade, tomando como base várias fontes culturais, assim como ser capaz de desenvolver de forma criativa o próprio patrimônio, são os fundamentos de um desenvolvimento pacífico e sustentável de nossas sociedades (UNESCO, 2018, s/p).

Já em 2020 e em 2021, o pronunciamento da diretora-geral fez referência à pandemia global do coronavírus.

Em maio de 2020, época considerada "início" da pandemia do novo coronavírus no mundo, Azoulay divulgou o seguinte pronunciamento:

> Embora o COVID-19 não tenha obtido sucesso em restringir o diálogo entre culturas, as consequências a longo-prazo da crise, especialmente em termos econômicos, devem causar danos severos à diversidade, uma vez que períodos de crise são propícios à concentração e à estandardização. É

---

[4] No original: *"[...] production, safeguarding and dissemination of diversified contents in the media and global information networks and, to that end, promoting the role of public radio and television services in the development of audiovisual productions of good quality".*

essa a ameaça insidiosa que emerge (AZOULAY, 2020, s/p, tradução nossa[5]).

No ano seguinte, em 2021, Azoulay publica a seguinte mensagem:

> Por mais de um ano, a crise do COVID-19 precipitou uma crise de diversidade cultural. O fechamento de museus e lugares com Patrimônios da Humanidade e o cancelamento de festivais, concertos e cerimônias mergulhou o mundo da cultura em um angustiante estado de incerteza, ameaçando de modo particular criadores independentes, que são a força vital da diversidade cultural (AZOULAY, 2020, p. 1, tradução nossa[6]).

A perspectiva adotada pela Unesco sobre *diversidade* está em interface com a sua faceta "cultural", em perspectiva antropológica. Inclusive, na mensagem de 2021, Azoulay (2021, p. 2, tradução nossa[7]) referencia o conhecido antropólogo francês Claude Lévi-Strauss ao lembrar que "[...] a diversidade de culturas está atrás de nós, ao nosso redor e na nossa frente". É uma forma de abarcar amplamente a *diferença* entre *culturas* diversas no conceito de *diversidade cultural*.

Para Clifford Geertz (1999), influente antropólogo estadunidense, a *diversidade cultural* remete não apenas a grupos étnicos e nacionais, conforme tratado tradicionalmente pelo campo. Na atualidade, a expressão deve considerar, ainda, diferenças produzidas a partir do gênero, da raça, classe, sexualidade, credo religioso etc. A emergência desse debate se dá no cerne das críticas ao etnocen-

---

[5] No original: "*Although COVID-19 has not succeeded in curbing dialogue among cultures, the long-term consequences of the crisis, especially in economic terms, might inflict severe damage on diversity, as periods of crisis are conducive to concentration and standardization. It is this insidious threat that looms*".

[6] No original: "*For more than a year, the COVID-19 crisis has precipitated a cultural diversity crisis. The closure of museums and world heritage sites and the cancellation of festivals, concerts and ceremonies have plunged the world of culture into a distressing state of uncertainty, threatening in particular independent creators, who are the lifeblood of cultural diversity*".

[7] No original: "*[...] the diversity of cultures is behind us, around us and in front of us*".

trismo[8]. Geertz, em diálogo com escritos antigos de Lévi-Strauss sobre a questão, argumenta que em um mundo segregado e incomunicável, a indiferença em relação à cultura alheia não colocaria a sua existência em risco. Mas isso muda no contexto de um mundo mais interconectado.

> No passado, quando as chamadas culturas primitivas se viam apenas muito marginalmente envolvidas umas com as outras – chamando os seus próprios membros de "Os Verdadeiros", "Os Bons", ou simplesmente "Os Seres Humanos" e os outros, que estavam do outro lado do rio, de "macacos da terra" ou "ovos de piolho", isto é, não, ou não completamente, humanos – a integridade cultural era prontamente mantida [...]. **Agora, quando está claro que este não é mais o caso, e todo mundo, cada vez mais apertado num pequeno planeta, está profundamente interessado em todo mundo e no que todo mundo faz, a possibilidade de perder tal integridade, por causa da perda de tal indiferença, paira no ar** (GEERTZ, 1999, p. 16-17, grifo nosso).

O conflito de valores instaurado pela profusão de pontos de vista compartilhados em um mesmo espaço social são condições ontológicas da diversidade cultural. Por isso, Geertz é enfático ao afirmar que, para "compreender" a diversidade, é necessário levar em conta o fortalecimento da imaginação e o aprimoramento da capacidade de ver.

---

[8] Perspectiva que propunha a análise das *outras* culturas a partir do ponto de vista de um observador cuja cultura seria o ponto de partida, já que seria superior, para se pensar as outras. De acordo com o *Dicionário de antropologia* consultado, o etnocentrismo é uma tendência universal impossível de se desvencilhar por completo, uma vez que está presente, pelo menos, inconscientemente. Entretanto o etnógrafo deve estar atento ao grau de tolerância ou relativismo empregado na interpretação de suas observações (SEYMOUR-SMITH, 1986). O antropólogo brasileiro Everardo Rocha (1988) complementa a elucidação, afirmando que o choque cultural é o pano de fundo da questão etnocêntrica. É quando o grupo do *eu* se encontra com o grupo do *outro*, circunstância em que as *diferenças* são constatadas, produzidas, hierarquizadas. O pesquisador Paulo Meneses (2000) complementa, declarando que o perigo do etnocentrismo reside no trato dos membros de outras culturas como sub-humanos, o que produz um pretexto para uma relação de dominação.

DIVERSIDADE, RECONHECIMENTO E IDENTIDADE: NOTAS TEÓRICAS
A PARTIR DA COMUNICAÇÃO

O objetivo desta Introdução foi ilustrar para o leitor a extensa quantidade de terrenos no qual a "diversidade" é objeto. Certamente, dentre os campos de conhecimento explorados, a Antropologia é o que mais se aproxima de um consenso conceitual para o termo em análise, a partir da expressão *diversidade cultural*, como vimos. Contudo, a partir daqui, vamos nos dedicar à exploração do nosso objeto teórico em lentes sociológicas e em estreita relação com o paradigma dos Estudos Culturais.

De modo geral, os Estudos Culturais estão interessados em privilegiar o caráter dialético entre estrutura e práticas cotidianas, evidenciando a circulação do poder e as contradições que residem na relação das pessoas com a hegemonia. A mídia é compreendida como lócus central de análise desde uma abordagem centrada no texto, mas principalmente na compreensão dos processos de produção de sentido por parte das audiências.

Primeiro, realizamos um recuo no tempo para identificar em que momento histórico a "diversidade" foi tratada como uma questão social — falaremos sobre a disputa em torno da importância das *diferenças* e a produção de hierarquizações entre grupos sociais. É uma antessala para adentrarmos nos debates conceituais sobre *diversidade*. No segundo capítulo, portanto, iniciamos nossa imersão sociológica no termo, costurando debates contemporâneos empreendidos por autores como Renato Ortiz, um dos principais pensadores que enfrentam a questão da diversidade enquanto uma questão teórica. No Capítulo 3, estendemos nosso debate sobre *diversidade* para discutir as lógicas de reconhecimento e a centralidade dos meios de comunicação nesse processo. Por fim, na conclusão, fazemos um resgate das discussões deste livro e propomos um conceito para "diversidade" que contemple a sua densidade sociológica e que revele, também, os atravessamentos das tecnologias de comunicação que a produzem.

1

PARA ENTRAR NO DEBATE SOBRE DIVERSIDADE: A PERSPECTIVA DAS DIFERENÇAS

> Os sociólogos temem os psicanalistas e vice-versa. Ambos temem mais ainda os biólogos. Daí que o corpo, psiquismo e lugar social nunca se interpretam senão de maneira excludente, cada disciplina reivindicando para si, para o campo tão restrito de seu instrumental teórico, a explicação desse fenômeno de complexidade infinita que é um ser humano às voltas com a vida e com o seu tempo (OLIVEIRA, 1992, p. 97).

A passagem apresentada justifica a mescla teórica que os Estudos Culturais nos permitem realizar, o que não implica necessariamente em uma irresponsabilidade em nível epistemológico ou descompromissos em relação aos anseios políticos de tal paradigma. Aqui, queremos tratar da questão da diferença como antessala para pensar a diversidade. Diferença é questão, fenômeno, preocupação de diversos campos do saber. Neste livro, interessam-nos as discussões desenvolvidas sobretudo no campo sociológico, percebendo como o léxico da diferença foi sendo incorporado por diferentes matizes ideológicos a fim de justificar seus projetos políticos e seus métodos de ação. Antes, entretanto, começamos essa jornada rumo à diversidade através do debate sobre hierarquia elaborado por Louis Dumont, autor cujo pensamento fornece as bases para pensarmos a elaboração de hierarquias via operações diferenciadoras que são tudo, menos neutras.

1.1 PROCESSOS DE HIERARQUIZAÇÃO

Em perspectiva antropológica, Dumont logra ao explicar um sistema *estrutural* da organização social. Em suas etnografias na Índia, seu principal lócus de análise etnográfica, o autor preocupa-se em observar as práticas e os rituais internos a cada casta, verificando como se articulam umas às outras e de que forma, juntas, dão sentido à vida política e cultural indiana de forma orgânica. Especializado nesse sistema de castas, Dumont sugere que, enquanto alguns estudiosos do tal sistema tradicionalmente as veem como uma anomalia, elas deveriam ser reconhecidas como uma instituição que orienta jurídica e moralmente as ações individuais em nome do macrossocial (DUMONT, 1999).

Como resultado de seus estudos em diversas localidades indianas, o autor identifica que lá predomina um *modelo hierárquico* e *holista* de estratificação, o que significa dizer que os grupos, organizados em castas bem delimitadas e organizadas, representam o todo do social e funcionam em prol do funcionamento harmônico desse sistema. Uma organização hierárquica conforme a descrita por Dumont é típica de *sociedades tradicionais*, onde a *ideologia holística* prevalece de modo a valorizar a totalidade social em detrimento do que é individual (DUMONT, 1983, 1999). Nas *sociedades ocidentais*, entretanto, o antropólogo observa outra organização.

Enquanto a Índia é reconhecida pelo autor como um modelo de *sociedade tradicional*, o Ocidente caracteriza-se como uma *sociedade moderna*. E para Dumont (e tantos outros), falar em *modernidade* é, em essência, falar sobre *individualismo*. Se no Oriente/sociedades tradicionais prevalece um modelo hierárquico centrado no todo (a sociedade), no Ocidente/sociedades modernas, o centro da organização social é a parte (o indivíduo): "Ontologicamente a sociedade não existe mais, ela é apenas um dado irredutível ao qual se pode em nada contrariar as exigências de liberdade e igualdade" (DUMONT, 1997, p. 57). Portanto, em oposição ao modelo *hierárquico* de estratificação, Dumont observa que, no Ocidente, o *igualitário* prevalece.

> O ideal de liberdade e de igualdade se impõe a partir da concepção do homem como indivíduo. Com efeito, se supõe que toda a humanidade está presente em cada homem, então cada homem deve ser livre e todos os homens são iguais (DUMONT, 1999, p. 59).

A modernidade, em sua máxima individualista, implica um sistema de valores que, no imaginário popular, produz o *princípio moral* de que cada um possui uma identidade "básica", única e nuclear, que existe apenas para cada um de si. Porém esses princípios modernos habitam mais o imaginário do que a realidade empírica do mundo social. Na organização ocidental, uma prática acaba por corroer a utopia da igualdade plena: a produção de julgamento de valores. "Nós, modernos, não paramos de fazer julgamentos de valor; damos valores desiguais as pessoas, coisas e situações" (DUMONT, 1999, p. 244, tradução nossa[9]).

Ou seja, há uma contradição interna no modelo igualitário de organização social: a desigualdade produzida com base na distribuição diferenciada de valor. Desse modo, compreendemos que processos hierárquicos não são neutros. Sua existência não se justifica puramente para fins de "organização social". Na hierarquia, a desigualdade é condição *sine qua non*: há o mais e o menos "importante". A valoração dos componentes que constituem a hierarquia é o que distorce o modelo bidimensional previsto por Dumont (todo X parte), de modo que as "partes" podem ter diferentes valores entre si, produzindo hierarquias internas. Dumont comenta: "Acredito que a hierarquia não é, essencialmente, uma cadeia de comandos sobrepostos, nem uma cadeia humana de dignidade decrescente, nem mesmo uma árvore taxonômica, mas uma relação que pode suscintamente ser chamada de *'o englobamento do contrário'*" (1999, p. 239, tradução nossa[10], grifo nosso). Essa expressão representa uma organização social de estratificação em que *a hierarquia é organizada*

---

[9] No original: *"We moderns have not stopped making value judgments; we give unequal values to people, things and situations".*

[10] No original: *"I believe that hierarchy is not, essentially, a chain of superimposed commands, nor even a chain of beings of decreasing dignity, nor yet a taxonomic tree, but a relation that can succinctly be called 'the encompassing of the contrary".*

entre um todo e um elemento desse todo. Por exemplo: as partes homem e mulher, tidas como opostas entre si, são partes de um todo chamado humanidade. O julgamento de valor, entretanto, configura um desnível de humanidade entre a "parte humana homem" e a "parte humana mulher".

Assim sendo, o processo de valoração desigual torna-se o corolário de um sistema social moderno cuja ideologia individualista não é capaz de sustentar a *diferença* entre as partes. No bordão englobante moderno "todos somos iguais", algumas identidades — produzidas *na* diferença — são mais desiguais que outras; enquanto outras sequer são *reconhecidas*[11]. Portanto, valor produz diferença no interior de uma relação hierárquica. Ao elaborar sobre o estatuto das sociedades modernas, Dumont observa que, ao mesmo tempo em que se celebram os ideais da igualdade,

> [...] uma hierarquia continua a ser posta, e ela é, dessa vez[12], ligada a características somáticas, fisionomia, cor da pele, 'sangue'. Sem dúvida, esses sempre foram marcas de distinção, mas agora tornaram-se a sua essência (1999, p. 293, tradução nossa[13]).

O autor possui uma extensa análise sobre o nazismo em que observa como a categoria englobante de "nação" mobilizou desigualmente a valoração de outras categorias, como a raça[14]. Assim, o pensamento de Louis Dumont inspirou e segue inspirando uma ampla gama de discussões interessadas em interpretar a produção de hierarquias a partir das diferenças entre sujeitos e grupos.

A pesquisadora brasileira dedicada aos estudos de gênero Maria Luiza Heilborn, em seu clássico artigo intitulado *Gênero e hierarquia*, incorpora alguns conceitos dumontianos para analisar

---

[11] Trataremos sobre a Teoria do Reconhecimento no Capítulo 3.

[12] Porque noutros tempos históricos, como no Feudalismo, a hierarquia era organizada de maneiras mais objetivas: clero, nobreza, campesinato.

[13] No original: "*[...] a hierarchical difference continues to be posited, which is this time attached to somatic characteristics, colour of the skin, 'blood'. No doubt, these were at all times marks of distinction, but they have now become the essence of it*".

[14] Ver em Dumont (1983).

a organização familiar de três casais[15] cariocas à luz da teoria da hierarquia articulada à categoria de gênero. Em suma, dentre suas análises, a autora compreende que "[...] a lógica interna ao domínio do gênero é hierárquica, fazendo com que os setores simbólicos acima relacionados [atividade/passividade] qualifiquem-se pelas propriedades de englobantes e englobado" (HEILBORN, 1993, p. 71).

Portanto, as dimensões englobadas pela categoria "gênero" assumem hierarquias internas entre si pois valoradas desigualmente. Nesse sentido, conforme atestado pela autora, "a noção de valor em Dumont detém um lugar axial: ele é o elemento operador da diferença no interior de uma relação hierárquica" (1993, p. 55). Uma abordagem dumontiana também ressoa em Pierucci, autor que desbravamos a seguir, ao revelar o caráter ontológico da distribuição de valor: "Mesmo as sociedades mais simples, pouco diferenciadas, organizam-se em torno de pelo menos duas diferenças coletivas que hierarquizam as pessoas, alocam o poder e dividem o trabalho, as diferenças de sexo/gênero e idade/geração" (PIERUCCI, 1999, p. 105). Com base no que foi exposto, o pensamento de Louis Dumont parece propício para nos conduzir ao debate sobre diversidade — cujo conceito será matizado adiante. Antes, entretanto, cabe discorrermos sobre as implicações da noção de *diferença*.

1.2 DIFERENÇAS NATURAIS E CONSTRUÍDAS

Iniciamos esta discussão colocando em pauta (ou em xeque) como campos ideológicos distintos valorizam a existência de algo que é observável a olho nu independentemente de matriz ideológica: as pessoas são diferentes umas das outras. O imediatismo dessa evidência ocular é inquestionável, e é essa concepção empírica que fundamenta a discussão sobre *diferença* em uma abordagem sociocultural.

A noção que orbita o senso comum contemporâneo é que o debate sobre *diferença* é interesse exclusivo das alas progressistas,

---

[15] Um composto por um homem e uma mulher; outro por dois homens; e outro por duas mulheres.

e isso precisa ser reconhecido como um equívoco. O sociólogo brasileiro Flávio Pierucci ilumina essa questão em *Ciladas da diferença*, obra indispensável para a discussão sobre o assunto. Nela, o autor afirma:

> O pavilhão da *defesa das diferenças*, hoje empunhado à esquerda com ares de recém-chegada inocência pelos "novos" movimentos sociais [...] foi na origem – e permanece fundamentalmente – o grande signo/desígnio das direitas, velhas ou novas, extremas ou moderadas (PIERUCCI, 1999, p. 19, grifo do autor).

Para acompanhar o seu raciocínio, vale realizarmos uma breve digressão ao século XVIII, especificamente ao episódio histórico da Revolução Francesa (1789-1799). De acordo com o historiador francês René Rémond, "o espírito da Revolução se define pela vontade de racionalismo [...]" (1974, p. 144-145, tradução nossa[16]). Na efervescência da intensa mobilização de ideias que buscavam uma alternativa ao Antigo Regime[17], a Revolução representa, hoje, o nascimento da democracia moderna assentada nos ideais de liberdade, igualdade e fraternidade. Embora tenha sido encabeçada por uma burguesia de economistas e filósofos interessada em organizar uma nova sociedade baseada no liberalismo, historiadores reconhecem que esta foi uma revolução social de massa (HOBSBAWN, 1996). Não cabe aqui discutirmos as diversas frentes que os revolucionários pretendiam reformar, nem sobre as controvérsias envolvendo a relação da burguesia masculina com as mulheres e os pobres[18]. A nós interessa sobretudo a retórica da *igualdade* que emanava do movimento, termo que se tornou a síntese da mobilização junto à publicação da *Declaração dos direitos do homem e do cidadão*. Esse documento simbolizou o fim do anseio pela liberdade através de

---

[16] No original: "*L'esprit de la Révolution se définit par cette volonté de rationalisme [...]*".

[17] Regime de sociedade vigente entre os séculos XV e XVIII na França, onde o sistema de organização se dava de forma *hierárquica* (clero, nobreza e burguesia), e cujo sistema de valores teocrático declaradamente orientava a vida política, econômica e social.

[18] Para essa discussão, ver François Furet, historiador referência entre os chamados "revisionistas" da Revolução Francesa, conforme apontado pelo historiador Daniel Gomes de Carvalho (2019).

DIVERSIDADE, RECONHECIMENTO E IDENTIDADE: NOTAS TEÓRICAS
A PARTIR DA COMUNICAÇÃO

17 artigos de cunho universalista, inaugurando o ideal moderno de que todos somos iguais. Já apresentamos a noção de igualdade como valor moderno em Louis Dumont, que nos ajuda a pensar sobre os problemas inerentes a esse projeto de sociedade.

Mais de dois séculos depois desse episódio histórico, temos evidências suficientes para afirmarmos que a utopia de uma sociedade igualitária, conforme vislumbrado pelos ideários da Revolução Francesa, não alcançou a sua plenitude. Muito pelo contrário: vem sendo, hoje em dia, objeto de disputa ideológica dos mais diversos movimentos sociais, grupos identitários e áreas do saber. Portanto, vale enfatizar que, contrário ao slogan revolucionário moderno, todos somos *diferentes*, e o primeiro grupo social a se lembrar disso foi a corrente contrarrevolucionária francesa do XVIII, atualmente reconhecidos como "a direita" daquele contexto histórico:

> A certeza de que os seres humanos não são iguais e portanto não podem ser tratados como iguais, quem primeiro a professou e apregoou nos tempos modernos foi a direita. Para ser historiograficamente mais exato, foi a ultradireita do final do século XVIII e primeiras décadas do XIX, aliás a primeira direita a surgir na História, em reação à Revolução Francesa, ao ideal republicano de igualdade e fraternidade e a tudo quanto de universalismo e igualitarismo havia no movimento das ideias filosóficas do século XVIII (PIERUCCI, 1999, p. 19).

A direita conservadora torna *a diferença* o objeto de sua fixação, e essa preocupação assenta-se na constatação empírica de que, se olharmos ao redor, tudo o que vemos é diferença: ela está na natureza (obra de Deus), a um palmo de distância de nós. A sua certeza, entretanto, não orienta necessariamente operações morais ou políticas de distribuição de valor igualitárias (DUMONT, 1999). Pelo contrário: enfatizando o "direito à diferença", o conservador propõe soluções segregacionistas, transformando esse "direito" em operador de manobra política.

Um exemplo é o resgate da identidade nacional engendrado na imagem de um povo puro, intocado, uno, ou seja, *sem diferenças, apesar das diferenças.* A fala do ex-ministro da Educação Abraham Weintraub, ultraconservador, em uma reunião ministerial presidida pelo Presidente Jair Bolsonaro de 22 abril de 2020, ilustra a questão:

> Odeio o termo "povos indígenas", odeio esse termo. Odeio. O "povo cigano". Só tem um povo nesse país. Quer, quer. Não quer, sai de ré. É povo brasileiro, só tem um povo. Pode ser preto, pode ser branco, pode ser japonês, pode ser descendente de índio, mas tem que ser brasileiro, pô! (G1, 2020, s/p)[19].

Na natureza dessa tática discursiva, Pierucci reconhece que "o 'direito à diferença' [é retorcido] em 'direito de um povo de permanecer como é, em sua terra natal e sem misturas'" (1999, p. 52). Para o autor, o uso que o segmento conservador faz desse direito vem após uma apropriação do termo pela esquerda.

Se a diferença foi inicialmente questão dos conservadores, é no surgimento de novos movimentos sociais que a expressão passa a ser apropriada e ressignificada por alas progressistas. Até então, a diferença era questão de observação empírica natural e instrumento para manter culturas e nações "puras". Agora, sob a perspectiva epistemológica do *construcionismo social*, diferença também passa a ser uma questão cultural (PIERUCCI, 1999). O movimento feminista dos anos 1960 e 1970 foi um dos precursores ao incorporar o ideal da igualdade a partir da retórica da diferença, o que implica até hoje em uma série de imprecisões no interior do movimento e em suas ações práticas no mundo social, cultural e político. Quem nos informa sobre essa questão é Rosiska Darcy de Oliveira:

> Os anos 70 trouxeram um feminino ávido de igualdade, que buscava escapar de seus limites dissolvendo-se no universal. Esse feminino, no entanto, esbarrou na confusão entre universal e masculino. Uma noção unilateral de igualdade, em que o masculino travestido em universal é medida e

---

[19] Disponível em: https://g1.globo.com/politica/noticia/2020/05/26/mpf-pede-explicacoes-a-weintraub-por-declaracoes-sobre-termos-povos-indigenas-e-povo-cigano.ghtml. Acesso em: 13 out. 2020.

> ideal, confronta as mulheres ao paradoxo de ser, ao mesmo tempo, elas mesmas e o Outro (OLIVEIRA, 1992, p. 94).

A autora refere-se ao que foi diagnosticado por Louis Dumont na alcunha de "englobamento do contrário". O que Oliveira denuncia é que o masculino se torna a própria categoria englobante universal de gênero, condicionando tanto o próprio masculino, mas também o feminino. A autora, então, realiza uma crítica em relação à "febre de igualdade" na qual o feminismo se assentou, vestindo mulheres de roupas masculinas, mas sem tocar na própria masculinidade: "[...] foi assim que essa igualdade nasceu capenga e a relação entre os sexos resultou numa estranha conta de somar: feminino + masculino = masculino" (OLIVEIRA, 1992, p. 56). A escritora, então, traz à baila o léxico da diferença, advertindo que "[...] a verdadeira igualdade é a aceitação da diferença sem hierarquias." (1992, p. 74). Para a autora, mais do que elevar as mulheres à condição de igualdade dos homens, é necessário dissolver os mecanismos que sustentam tal desigualdade. Nesse projeto, "[...] é o paradigma da hierarquia que é atacado pelo questionamento de um de seus alicerces mais antigos e mais sólidos: a dominação das mulheres pelos homens" (1992, p. 46).

Cabe, portanto, ressignificar os termos a partir dos quais a hierarquia é produzida. Ou seja, ressignificar o próprio feminino:

> Os interesses das mulheres estarão representados quando, no poder, uma mulher for capaz de agir como mulher, desafiando todo o estereótipo cultural que inferioriza a razão feminina como irracional e a sensibilidade feminina como sentimentalóide (OLIVEIRA, 1992, p. 138).

Esse projeto é complexo, está em curso, e não cabe a nós, neste momento, destrincharmos o que os vários feminismos têm feito, trinta anos após a publicação da obra de Rosiska de Oliveira, para contribuir com a transformação radical das hierarquias de gênero[20].

---

[20] Para um debate atualizado sobre esse ponto, ver as publicações recentes de Heloisa Buarque de Hollanda, como *Explosão feminista* (2018).

O que ainda é pertinente mencionar, voltando à nossa discussão sobre o uso da *diferença* enquanto bandeira progressista, é a improdutividade que reside na sua insistência discursiva: "Afirmar a diferença entre homens e mulheres não é novo. O sexismo se apoiou nessa diferença para classificar as mulheres não só como diferentes dos homens, mas sobretudo como inferiores" (OLIVEIRA, 1992, p. 70). Pierucci compartilha da mesma crítica:

> Que venha o movimento das mulheres frisar para o *uomo qualunque* que a mulher é diferente do homem, *quid novi?* Que venha o movimento negro em suas falas e em seus escritos bradar para uma sociedade como a nossa, que nasceu escravocrata e assim permaneceu durante séculos, e preconizar no cotidiano agressivo desta metrópole que "negro é diferente", *quid novi?* Isto é o que todo mundo já sabe desde sempre, não choca ouvido algum, apenas confirma o já sabido e, pior ainda, legitima que a diferença seja enfocada e as distâncias, alargadas (PIERUCCI, 1999, p. 28).

A grande questão parece ser o que fazer após a constatação da diferença. A perspectiva progressista da diferença instaura um verniz emancipatório na retórica — já conhecida — da afirmação da diferença através do que Pierucci nomeia de "políticas do corpo": nos grupos progressistas feministas, negros, LGBTQs+, a afirmação das diferenças corporais coletivas é o que mobiliza a organização de tais movimentos. O corpo, o direito de sua presença no espaço público[21] ser respeitada e a reivindicação por sua representatividade nas instituições — como na própria mídia — tornam-se pautas centrais nos movimentos de esquerda. Pierucci (1999), ainda que seja simpático às "políticas do corpo", é profundamente desconfiado sobre os êxitos que tal estratégia pode angariar. Sua crítica baseia-se no argumento de que "[...] se fixamos a atenção no que é natural ou físico, 'a natureza só nos apresenta diferenças'" (1999, p. 108). Assim, a partir de reivindicações marcando a diferença inscrita no

---

[21] Atualmente, essa questão é largamente debatida pela filósofa Judith Butler, mais recentemente em sua obra *Corpos em aliança* (2018).

DIVERSIDADE, RECONHECIMENTO E IDENTIDADE: NOTAS TEÓRICAS
A PARTIR DA COMUNICAÇÃO

corpo, dificulta a organização de mobilizações unificadas do setor progressista, uma vez que o corpo, enquanto dado da natureza, é repositório infinito de diferenças.

Ao longo do seu ensaio, Pierucci demonstra de que modo o conservador mobiliza com muito mais facilidade o léxico da diferença a seu favor, pois, como já apontamos, são empiristas no sentido mais puro da palavra. Portanto, seu discurso não demanda abstrações complexas. Ao conservador, não interessa "o que está por trás", as camadas do que está sendo visto e a suposta construção social desse "dado". O que importa é o que está ali à sua frente, verificável a olho nu, a obviedade. Em sentido oposto, via correntes teóricas pós-estruturalistas, os segmentos progressistas mobilizam a "diferença" na chave da abstração e da desconstrução. São discussões altamente sofisticadas, e é aí que, para Pierucci, reside o problema.

> Na prática política quotidiana ou em outros contextos que não as academias e as publicações especializadas, as sutilezas desconstrucionistas não têm muitas chances de emplacar, assim como não tem melhor caminho a oferecer a inocência de superfície dos que se contentam em dizer: "diferentes, mas iguais" (PIERUCCI, 1999, p. 49).

Esta última expressão — "diferentes, mas iguais" — é emblemática para ilustrar a problemática discursiva que é defender, simultaneamente, a *diferença* e a *igualdade*. É um nó conceitual extremamente difícil de desatar, demanda um investimento de abstração que muitos segmentos fora da academia não estão dispostos a enfrentar. Daí porque estratégias como políticas de cotas, por exemplo, são objeto de discussões inflamadas dentro do próprio segmento progressista. Esses embates nos mostram que "o campo semântico da diferença, como se vê, mostra-se particularmente vulnerável a estratégias de erosão de ambos os lados da luta ideológica" (PIERUCCI, 1999, p. 53).

Para o campo progressista, a solução, certamente, não é — ou não deveria ser — abandonar o debate sobre a diferença. Lutar pela igualdade via diferença sim, vale a pena; no entanto, como salientam os autores aqui apresentados, é necessária uma redefinição do discurso. Como Oliveira (1992, p. 109) sintetiza, "a revalorização da diferença não tem por que enfraquecer a luta pela igualdade, mas deve, certamente, redefini-la". Em última instância, reclamar a diferença diz respeito a reconhecer a existência plena, democrática e segura de todos os modos de vida em uma sociedade moderna marcada pela busca frenética do uno.

***

Esse projeto moderno, como estamos observando (e essa discussão ainda não se esgotou), não deu certo. Se falamos tanto sobre o direito à diferença nos dias atuais é porque provavelmente algo saiu dos trilhos do trem que seguia rumo à sociedade unificada. Esse movimento pode ser traduzido no conceito de *diversidade*. A seguir, apresentamos um debate teórico entorno da expressão. Inicialmente, percorremos algumas áreas do saber a fim de demonstrar que seu uso é extremamente variado, para, em seguida, estabelecer contornos conceituais precisos a partir de uma perspectiva sociológica.

2

PARA CONCEITUAR DIVERSIDADE: PERSPECTIVA SOCIOLÓGICA

Em abril de 2014, o *Grammarphobia*[22], blog redigido por dois jornalistas estadunidenses dedicados a explorar a etimologia e os usos de qualquer palavra, recebeu a seguinte questão de um visitante:

> Eu estou ajudando a promulgar os critérios para recrutar novos membros de um quadro de diretores. No assunto está "diversidade". Eu diria que atualmente é uma palavra-chave para pessoas não-brancas e não-homens. Ou seja, um homem branco, não importa quão diversa sua experiência seja, não proporciona diversidade. Outros dizem que "diversidade", sem elaboração, poderia se referir à experiência. O que vocês acham? (GRAMMARPHOBIA, s/p, 2014)[23].

Conceituar a palavra *diversidade* implica reconhecer a impossibilidade de fechá-la sob um conjunto delimitado e preciso de propriedades. Quando nos propomos a fornecer um *conceito*, estamos operacionalizando uma abstração a partir de uma realidade empírica com suas devidas particularidades. O significado do conceito é, portanto, produzido e torna-se válido somente se devidamente adequado à realidade que represente. Daí, põe-se o desafio de conceituar um termo que se caracteriza pelo seu amplo sentido

---

[22] Disponível em: https://www.grammarphobia.com/blog/2014/04/diversity.html. Acesso em: 13 abr. 2020.

[23] No original: *"I am helping promulgate the criteria for recruiting new members of a board of directors. At issue is 'diversity'. I say it is now a code word for nonwhite or nonmale. That is, a white male, no matter how diverse his experience, doesn't provide diversity. Others say 'diversity', without elaboration, could refer to experience. What do you think?"*

adquirido e aplicabilidade, ou seja, sua larga intensão[24] e extensão[25]. O significado de *diversidade* espalha-se por diversos campos, sendo mobilizado de diferentes maneiras em cada um — conforme inclusive exploramos na Introdução deste livro. Como um primeiro movimento a fim de desbravar seu significado, cabe resgatarmos a construção etimológica do termo de acordo com consulta no site *Online etimology dictionary*[26].

Diversidade tem sua origem na palavra em latim *divertere*, que significa "virar em diferentes direções". Ainda na língua latina, outras variações do termo vão surgindo, como *diversus*, "virado em diferentes formas"; e *diversitatem*, que por sua vez significa "contrariedade, contradição, desacordo". Este último termo, em latim, é apropriado pelo francês antigo[27] na palavra *diversité*, carregando em seu significado as ideias de "peculiaridade, excentricidade, perversidade". A denotação essencialmente negativa da palavra *diversidade* perdura até o século XVII quando, nos Estados Unidos, seu uso passa a inspirar o nascimento da democracia moderna. Um dos primeiros registros escritos positivado do uso do termo está na obra do final do século XVII *O federalista*[28]:

> Do mesmo modo que hum Estado qualquer he dividido em differentes distritctos, e os seus cidadãos em classes diferentes com interesses e ciumes particulares, assim as differentes partes dos Estados-Unidos estão separadas humanas das outras por hum sem-

---

[24] Elementos que definem o conceito: suas propriedades e relações. Esse conjunto de qualidades cria as condições para a elaboração de uma descrição capaz de explicar o conceito, garantindo uma aplicabilidade não ambígua do mesmo (MENDONÇA, 1985).

[25] De acordo com Mendonça (1985, p. 18), "[...] é o conjunto de todos os objetos ou seres aos quais se pode aplicar o conceito".

[26] Disponível em: https://www.etymonline.com/word/diversity. Acesso em: 13 abr. 2020.

[27] Língua derivada do "latim vulgar", falada ao longo do segundo século II a.C. até o final do século V d.C. na antiga região de Gália (que hoje corresponde à França e algumas partes da Bélgica, Alemanha e Itália). A versão coloquial do latim foi sendo modificada após invasões germânicas no território, dando forma ao chamado francês antigo, que se tornara a língua oficial em Paris até o século XI, quando evoluiu para o francês médio e, no XVII, para o francês moderno (EINHORN, 1974).

[28] Obra de 1788 composta por 85 ensaios que argumentam a favor da Constituição dos Estados Unidos de 1787, discutindo o ajuste de alguns artigos do texto original.

DIVERSIDADE, RECONHECIMENTO E IDENTIDADE: NOTAS TEÓRICAS
A PARTIR DA COMUNICAÇÃO

> -numero de circumstancias semelhantes, que produzem o mesmo effeito, posto que em mais extensa escala: e posto que **esta diversidade de interesses, pelas razões expostas n'outro lugar, póde ter benefica influencia sobre o governo**, depois de formado, he evidente que deve ter obrado de huma maneira opposta no acto de o formar. Que maravilha he, pois, que no meio de tantas difficuldades, a convenção se visse muitas vezes obrigada a apartar-se daquella perfeição ideal que o theorista engenhoso concebe no silencio do gabinete? (HAMILTON; MADISON; JAY, 1840, p. 76, grifo nosso).

A *diversidade* a qual se refere o excerto, obviamente, não está interessada nas questões de raça, de relações de gênero, sexuais e outras marcadas no corpo ou condição individual. Estas não eram preocupações à época. A *realidade empírica* do uso do termo está pavimentada na questão das opiniões proferidas por determinados grupos de autoridade, responsáveis por solidificar o projeto democrático.

Contemporaneamente, disputas em torno do significado de *diversidade* revelam tensões promovidas por ações que miram a sua celebração. Como exemplo, podemos citar o episódio em que a escritora estadunidense Lionel Shriver[29] redigiu, em sua coluna na revista britânica semanal *The spectator*, duras críticas às políticas de inclusão da editora *Penguin Random House*[30]. A companhia tornou público o seu objetivo de fomentar a inclusão de autores(as) e funcionário(as) que representem a diversidade étnica, sexual e de gênero do Reino Unido até 2025. A escritora alegou que

---

[29] Jornalista e escritora estadunidense conhecida por alguns best-sellers. Entre eles, o livro de 2003 *Precisamos falar sobre Kevin*, narrativa adaptada para o cinema em 2011, dirigida pela cineasta Lynne Ramsay.

[30] Conglomerado fundado em 2013 a partir da fusão entre as editoras Random House e da prestigiosa Penguin Group. Esta última, fundada originalmente em 1935 no Reino Unido, revolucionou a prática da leitura da nação através da comercialização de livros a baixo custo. A editora teve um papel importante na disseminação dos ideais da Nova Esquerda britânica, publicando obras clássicas de Richard Hoggart e Stuart Hall, bem como fornecendo fundos ao Centro de Estudos Culturais Contemporâneos.

> Nós podemos seguramente inferir... que se um agente submeter um manuscrito escrito por um transgênero gay caribenho que largou a escola aos sete anos e se locomove pela cidade numa lambreta, ele será publicado, seja ou não o manuscrito incoerente, tedioso, meandroso e uma pilha de papel reciclado misturado (FLOOD, s/p, 2018)[31].

A autora ainda atestou que deveríamos recuperar o significado original de diversidade, pois a proposta do seu sentido "geral" foi removida da linguagem: seu pronunciamento foi recebido em muitos portais de notícias. O jornal britânico *The Guardian* intitulou a matéria em que narra o ocorrido com a seguinte dúvida: "*A palavra 'diversidade' realmente tem só um significado?*"[32]. É sobre essa discussão que nos debruçamos agora, percorrendo ilustrativamente seu uso em algumas áreas do conhecimento rumo à sua elaboração no campo das Ciências Sociais.

2.1 CONTRIBUIÇÕES DE RENATO ORTIZ

Até aqui, tentamos observar como a *diversidade* é incorporada em outros campos, dando maior ênfase ao entendimento antropológico sobre a questão, sob a alcunha da "diversidade cultural". O esforço de resgatar sumariamente essas discussões pavimenta o percurso para introduzirmos uma discussão mais adensada acerca do próprio conceito de *diversidade*, incorporando concepções sociológicas à compreensão antropológica do tema. Para isso, é necessário esmiuçar alguns pontos. Como a ideia de homogeneização das culturas, a forma com que a noção de identidade se inscreve nesse contexto, bem como o debate sobre pluralismo, incluindo ainda o conceito

---

[31] No original: "*We can safely infer... that if an agent submits a manuscript written by a gay transgender Caribbean who dropped out of school at seven and powers around town on a mobility scooter, it will be published, whether or not said manuscript is an incoherent, tedious, meandering and insensible pile of mixed-paper recycling*".

[32] No original: "*Does the word 'diversity' really has only one meaning?*". Disponível em: https://www.theguardian.com/books/2018/jun/13/diversity-one-meaning-lionel-shriver-steven-poole. Acesso em: 13 abr. 2020.

DIVERSIDADE, RECONHECIMENTO E IDENTIDADE: NOTAS TEÓRICAS
A PARTIR DA COMUNICAÇÃO

de "diferença", já apresentado, que pode ir *ao encontro* ou *de encontro* a todo o debate pró-diversidade.

O sociólogo brasileiro Renato Ortiz, em entrevista concedida à revista *Cadernos Cenpec: pesquisa e ação educacional* (ORTIZ, 2015b), discute a sua obra *Universalismo e diversidade*, um dos nossos textos fundamentais para debater *diversidade*, que será retomado mais adiante. À certa altura da entrevista, após surgirem na fala dos interlocutores problemas e opiniões ligadas à educação, ao gênero, à raça e à etnia etc., Ortiz comenta:

> Observem como, nesta entrevista, o tema da diversidade vai mudando de figura. Uma coisa é falar de indígenas e negros, outra da diversidade em relação a um padrão curricular. Se considerarmos o mercado, teremos ainda outro nível de discussão. **A pergunta que se deve fazer é: "O que há por trás do termo diversidade?"**; ou ainda, "O que estamos dizendo com universalismo e diversidade?" (ORTIZ, 2015b, p. 191, grifo nosso).

De fato, como vamos observando, o debate sobre diversidade é quase impossível de ser empreendido de modo único, ou seja, o seu conceito funciona de formas diferentes dependendo do objeto ao qual ele se refere, o que já pudemos observar suficientemente bem à esta altura do presente texto.

Para que consigamos circunscrever a querela da diversidade no eixo que nos interessa, vale recorrermos à historicização da emergência desse debate na esfera pública[33], aos delineamentos dos pressupostos e premissas que habitam a noção de diversidade e à exploração dos usos contemporâneos do termo. Para essas discussões, nos amparamos majoritariamente em uma perspectiva sociológica decolonial (ORTIZ, 1994, 2008, 2015a, 2015b, 2016; BHABHA, 1991;

---

[33] Conforme originalmente compreendido por Jürgen Habermas (2003) em 1962, é a dimensão onde ocorre o debate de assuntos conectados às demandas da sociedade civil, funcionando como um espaço mediador entre opinião pública e Estado. Mais contemporaneamente, seu conceito se alarga tendo em vista os processos de globalização e a presença das novas tecnologias no cotidiano, o que potencializa a formação de debates e a visibilidade massiva dos mesmos (THOMPSON, 2014).

MISKOLCI, 2016). Assim, acreditamos ser possível refinar o conceito de "diversidade" de modo que ele possibilite encaminhamentos interpretativos na sua relação com a realidade social.

Inicialmente, cabe explicarmos o porquê desta filiação à chamada *abordagem decolonial*, conforme supracitada. O termo diversidade, por ser eminentemente polissêmico, permite que seja apropriado por um vasto leque de perspectivas. Entretanto nem todas nos cabem. Seria claramente falho nos filiarmos à diversidade conforme exposto pela biologia (apesar das aproximações em um nível bastante abstrato). Igualmente, seria um equívoco — do tipo epistemológico — não observarmos o contexto epistêmico do pensamento sociológico ao qual nos filiamos para compreender o termo em questão. Por isso, ao sugerir uma lente decolonial[34], assumimos que a linha de raciocínio adotada considera as especificidades epistêmicas locais — no caso, a realidade latino-americana e brasileira, reconhecendo a importância de um posicionamento reflexivo que seja capaz de compreender as articulações estratégicas do que Homi Bhabha (1991) chama de "coordenadas do saber". Uma postura decolonial é aquela que reconhece a inscrição dessas coordenadas na produção do "outro".

> É aí, na margem colonial, que a cultura do Ocidente revela sua "diferença", seu texto-limite, assim como sua prática de autoridade desloca uma ambivalência que representa uma das mais significativas estratégias discursivas e físicas do poder discriminatório - quer seja racista ou sexista, periférico ou metropolitano (BHABHA, 1991, p. 177).

---

[34] Não queremos, ao nos posicionarmos "decolonialmente", sugerir que seja simplesmente possível rejeitar, ignorar ou tomar como não realista o saber ocidental. Como o próprio Bhabha (1991, p. 184) coloca, "[...] apesar do jogo no sistema colonial que se torna crucial para o exercício do poder, não considero as práticas e discursos da luta revolucionária como um lado outro/sob (d)o 'discurso colonial'. Encontram-se historicamente co-representados e interagem mutuamente [...]". Por isso, para não cairmos na armadilha da dicotomização colonizado/colonizador, compreendemos a abordagem decolonial como uma postura crítica, atenta aos processos de subjetividade e de subjetivação do saber/poder (cientes de que, de algum modo, estamos contaminados por eles e implicados neles).

A condição processual complexa — em que uma parte se manifesta na outra e vice-versa — é o gancho para evocarmos o pensamento do sociólogo brasileiro Renato Ortiz, costurando os pensamentos que o levaram à problemática da diversidade no mundo contemporâneo.

O paradigma da complexidade (MORIN, 2011) é um dos pilares epistemológicos de Ortiz[35]. Avesso a dicotomizações, o esforço intelectual do autor parte de uma premissa: em um mundo globalizado — o qual ele chama de modernidade-mundo[36] —, é improdutivo pensarmos de forma compartimentada ou a partir de conceitos como "imperialismo", uma vez que com ele "[...] consigo nomear com facilidade o 'agressor', mas termino por enredar-me nas teias de uma categoria conceitual que possui pouco rendimento teórico quando aplicado à modernidade-mundo" (ORTIZ, 2008, p. 10). Esse conjunto de posições epistemológicas e premissas adotadas pelo autor deflagra em sua discussão sobre a evidência da *diversidade* e sua problemática: "Creio que a 'diversidade', isto é, a forma como a pensamos e a discutimos hoje, pode ser considerada um emblema[37] da modernidade-mundo" (ORTIZ, 2015a, p. 11). O autor, na Apresentação da sua obra *Universalismo e diversidade*, já situa temporalmente

---

[35] O autor realizou sua dissertação de mestrado na França, sob orientação de Edgar Morin, fundador do paradigma.

[36] Renato Ortiz apropria-se do termo em questão no início da década de 1990 a partir das reflexões de Octavio Ianni. Esse conceito abarca as discussões emergentes sobre modernidade e globalização. Se a modernidade, originalmente, diz respeito ao projeto eurocêntrico do sujeito centrado, com domínio sob a natureza e racional frente às esferas da vida social; a *modernidade-mundo* "seria um momento de radicalização das modernidades anteriores" (ORTIZ, 1994, p. 69). Implica desterritorialização, ressignificação das noções de tempo/espaço e corrosão da estabilidade da identidade nacional, processos impulsionados pela profusão da técnica. A mídia passa a ter um papel fundamental ao proliferar, em escala mundial, símbolos e referências culturais, mundializadas nos processos de circulação de bens e de imagens: "Uma cultura mundializada diz respeito a uma civilização cuja territorialidade se globalizou" (1994, p. 31). A categoria *mundo*, no pensamento de Ortiz, resume o caráter integrador de unidades sociais na situação globalizada do mercado, partilhando valores e éticas em nível global. Entretanto isso não sugere uma homogeneização da cultura, o que significaria um aniquilamento da diversidade. Hoje, mais do que nunca, ela faz-se profundamente presente.

[37] Inspirado pela antropologia durkheiniana e pelo pensamento do sociológico de Octavio Ianni, Renato Ortiz compreende o *emblema* como o elemento — material ou não — que resume um conjunto de transformações sociais latentes, Representa um aspecto da realidade de forma ampla, mas não esgota o seu significado. Tem a capacidade de condensar o "espírito da época" (ORTIZ, 2016).

a sua elaboração sobre *diversidade*: a atualidade, o nosso tempo presente. Quer dizer, no campo das Ciências Sociais, a ideia sobre diversidade e a sua função se alteram conforme o trânsito na linha do tempo da história.

Ao resgatarmos os valores perpetuados entre os séculos XVII e XVIII no mundo Ocidental a partir do Iluminismo[38], é possível identificar a supervalorização da ideia do *uno* enfatizado na figura do Homem. Esse objeto, universalmente compreendido, assume o papel de representar homogeneamente (de um ponto de vista filosófico[39]), a humanidade (ORTIZ, 2015a). "A noção de universal transforma-se radicalmente com o Iluminismo, ela libera-se das imposições religiosas e a explicação científica fundamenta-se na existência de um homem movido pela razão" (ORTIZ, 2008, p. 23). Nesse momento histórico, assume-se o conjunto de qualidades iluministas como positivas, capazes de mostrar o caminho que levaria a humanidade à razão. Assim, os ideários da liberdade e da igualdade perpetuados através da racionalidade humana forjam o pensamento Ocidental. São mais de 200 anos em que a diversidade é produzida enquanto uma ameaça que viria para desorganizar ou exterminar o padrão universal. O mito bíblico de *Babel* simboliza

---

[38] O *Dicionário de conceitos históricos* define o Iluminismo como um "momento" formado pela elite intelectual burguesa do continente europeu. Filósofos como Emanuel Kant, John Locke, Voltaire, entre vários outros pensadores, forjaram esse momento na história do Ocidente. Apesar de incoerências de pensamento entre seus principais personagens, todos possuíam como lema a defesa do pensamento racional e a crítica a qualquer tipo de autoritarismo ou fanatismo, sobretudo o religioso. Seus elementos básicos, a razão e o progresso, influenciaram a produção das retóricas da burguesia da época, que se encontrava em estágio de desenvolvimento, bem como inspirou momentos históricos como a Revolução Francesa e a independência dos Estados Unidos. A orientação desenfreada pelo progresso através da ciência e da técnica levou pensadores do século XX a revisitar os pressupostos iluministas, identificando que na verdade o Iluminismo não libertou o homem de suas crenças, medos e mitos; mas criou novos dogmas, como o do cientificismo e a imposição de valores ocidentais sobre outras culturas e lugares (SILVA; SILVA, 2009). Renato Ortiz (1994) reconhece que o próprio capitalismo é um produto do pensamento do período iluminista, sendo estratégico para a promoção de valores universais em escala ampliada.

[39] Pois em uma lente histórica, é observável a diferença material entre sociedades no mundo. O que está sendo gestado, entretanto, é a unicidade interna imaterial dos sujeitos que represente filosoficamente a humanidade regida pela razão, conceito puramente filosófico. "No referencial de conduta humana no mundo, a razão pode ser entendida em dois significados subordinados: A) como faculdade orientadora geral; B) como procedimento específico de conhecimento" (ABBAGNANO, 2007, p. 824).

DIVERSIDADE, RECONHECIMENTO E IDENTIDADE: NOTAS TEÓRICAS A PARTIR DA COMUNICAÇÃO

muito bem essa questão: "[...] a narrativa não deixa margem a dúvidas: a confusão das falas advém da interferência divina e a passagem do uno ao diverso é uma queda. A consequência é a incompreensão e a separação dos povos" (ORTIZ, 2008, p. 17). Entretanto Ortiz identifica, no percurso do seu pensamento, que a valorização da diversidade vai ganhando outros contornos à medida que o mundo se globaliza[40] e, em especial, mundializa-se[41].

Desde sua obra de 1994, *Mundialização e cultura*, através da análise da fragmentação das identidades nacionais[42], Ortiz identifica o perecimento do poder do Estado e de sua autonomia na produção de sujeitos universais amparados na tradição: "No mundo em que o mercado torna-se uma das principais forças reguladoras, a tradição torna-se insuficiente para orientar a conduta" (ORTIZ, 1994, p. 119). Com o advento dos meios de comunicação de massa, as fronteiras culturais dos Estados entram em processo de dissolução, e é nesse contexto em que narrativas e universos simbólicos passam a ser compartilhados mundialmente. Desse modo, novas sensibilidades e a profusão de identidades emergentes minam a coesão nacional. Entretanto o processo de mundialização não pressupõe uma homogeneização das culturas. Partes da identidade nacional ainda se fazem presentes no imaginário coletivo e na construção identitária individual. Um exemplo disso é a preservação da língua, questão específica que é elaborada com mais ênfase por Ortiz em *A diversidade dos sotaques*.

A obra foi publicada em 2008, catorze anos após a anterior, e nela Ortiz começa a desbravar a questão da diversidade de forma mais destacada. Para tal, usa a problemática da comunicação oral e

---

[40] Processos econômicos e tecnológicos de escala global. Tem a ver com estratégias mundiais de circulação de bens de consumo e com e fluxos globais do mercado financeiro (ORTIZ, 1994).

[41] Processos culturais que se revelam a partir do cotidiano na circulação global da cultura. Manifesta-se porque o mundo se globalizou: "As inovações tecnológicas têm evidentemente uma influência na mundialização da cultura, formando a infra-estrutura material para que ela se consolide" (ORTIZ, 1994, p. 62).

[42] Carregam consigo ideais iluministas na produção estatal da identidade dos sujeitos a partir de uma única narrativa materializada na língua oficial, na escola e nos símbolos nacionais como bandeiras, comemorações, hino e figuras históricas.

escrita em um mundo cuja produção de conhecimentos científicos se expandiu globalmente. Embora seu objetivo seja analisar a centralidade da língua inglesa na ciência, vamos nos deter no que diz respeito à relação entre línguas e diversidade, questão que serviu de antessala para que o autor adentrasse no seu problema e que pode nos ajudar a identificar o percurso do pensamento do sociólogo no que diz respeito à *diversidade* enquanto *emblema*.

A relação entre linguagem e língua serve para introduzir o debate: todos somos dotados de linguagem (característica universal da espécie humana), que se manifesta em múltiplas línguas. Encarando isso como um fato, a coexistência de várias línguas torna-se algo que deve ser compreendido como inerente ao mundo moderno, o que deflagra em uma concepção positivada da própria noção de diversidade. "Temos, pois, uma mudança de orientação: diversidade torna-se um valor a ser preservado e incentivado" (ORTIZ, 2008, p. 37). Resgatando a narrativa de *Babel*, Ortiz identifica que o mito deixa de ser uma "maldição" para tornar-se uma "bendição". Se até meados do século XX, a diversidade habitava o domínio do irracional, estimulá-la torna-se um imperativo. O debate linguístico introduzido pelo autor, portanto, demonstra que o otimismo do *universal* cai por terra ao introduzirmos o debate da preservação das línguas. Um ponto de vista pessimista em relação ao monolinguismo se manifesta na desconfiança dos perigos do "pensamento único" e da "homogeneização cultural". Nessa conjuntura, o otimismo em relação à diversidade (linguística) é um valor capaz de garantir a sobrevivência das línguas "sem Estado[43]", por exemplo, bem como a apreciação de identidades[44] na sua especificidade. Esse debate envolvendo universalismo, diversidade e identidade no contexto da modernidade-mundo ganha um fôlego substancial alguns anos depois.

---

[43] Aquelas que não representam a língua oficial de um Estado e cujos falantes, além de serem poucos, vivem em situação de subordinação (ORTIZ, 2008).

[44] Ortiz não explicita, mas sua noção de "identidade" aqui está circunscrita às identidades nacionais, étnicas e territoriais. Não está preocupado, por enquanto, com o debate das identidades de gênero, sexuais, de classe, raciais ou geracionais.

DIVERSIDADE, RECONHECIMENTO E IDENTIDADE: NOTAS TEÓRICAS
A PARTIR DA COMUNICAÇÃO

Em *Universalismo e diversidade*, podemos identificar o amadurecimento dessas questões, acompanhando a centralidade que o debate ganha no mundo social global e sobretudo no Brasil do pós-*Junho de 2013* até os dias atuais. Obra publicada em 2015, tem como intenção principal analisar a retórica do multiculturalismo e da globalização na interface com o discurso sobre diversidade, bem como no processo de produção das identidades. Preservando a noção geral de *modernidade-mundo* já discutida, Renato Ortiz identifica que a *diversidade* é uma reação ao projeto moderno de unificação do mundo: "As qualidades positivas, antes atribuídas ao universal, deslocam-se para o 'pluralismo' da diversidade" (ORTIZ, 2015a, p. 9). Contudo isso não significa que *universalismo* e *diversidade* ocupem espaços polarizados. Enquanto muitos grandes relatos (LYOTARD, 1988) entram em colapso na modernidade-mundo, alguns ainda se mantêm vivos. As narrativas religiosas[45] e ecológicas[46] são exemplos disso. "Na situação da globalização os relatos de vocação universalista, longe de desaparecerem, são reativados, inclusive como elementos de 'resistência', como o movimento alterglobalista, cujo intuito é encontrar os caminhos de 'outra globalização'" (ORTIZ, 2015a, p. 30). Ou seja, apesar de muitas vezes o debate *universalismo x diversidade* inserir os dois termos em posições antagônicas, o autor observa que eles coexistem no contexto da modernidade-mundo, inclusive revelando o caráter positivo de alguns desses discursos. Abraçar a ideia de fragmentação do universal é uma forma de reagir à eclosão da diversidade. Nesse sentido, diversidade significa abertura para novas narrativas e outros mundos. Ela exprime-se através da existência de sociedades justapostas no mesmo tempo e

---

[45] Antigas narrativas que pareciam ultrapassadas reemergem a fim de recuperar o seu papel fundamental na organização dos vínculos sociais no contexto de um Estado "laico". Assim, relatos religiosos totalizadores recuperam uma memória coletiva adormecida e orientam a ação dos fiéis. Dessa vez, com apoio dos meios de comunicação, dispositivos móveis e outras tecnologias modernas que garantem o seu alcance mundial (ORTIZ, 2015a).

[46] Influenciado por Edgar Morin, essas narrativas são tratadas por Ortiz desde 1994, quando o autor evidencia o âmbito ecológico como um movimento "sem pátria", sem fronteiras e, portanto, planetário, universal. Ao recuperar esse ponto, Ortiz (2015a) argumenta que no discurso ecológico, o planeta Terra é a unidade a qual todos nós pertencemos, e que, portanto, precisa ser preservado através de uma cidadania planetária.

espaço. Mas fechar a definição de *diversidade*, conforme os esforços iniciais deste capítulo, é um processo intrincado:

> O termo diversidade é também **polissêmico**. Wieviorka[47] observa que ele não pertence ao léxico conceitual das ciências sociais. No entanto, é uma temática que marca diversas tradições intelectuais. **A antropologia nos ensina que a noção de diversidade encontra-se intimamente associada à ideia do Outro** (ORTIZ, 2015a, p. 21-22, grifo nosso).

A concepção antropológica do *Outro* na figura do nativo da tribo no final do século XIX revela a diversidade não apenas entre sociedades "primitivas" e as "ocidentais", mas também a diversidade intragrupo: os antropólogos

> [...] logo descobriram que os grupos indígenas não são apenas contrastantes à sociedade industrial: cada um deles constitui uma cultura específica, uma identidade própria. Guarani, nuer, hauçá [...] são elementos descontínuos, particulares, diversos uns dos outros (ORTIZ, 2015a, p. 22).

Décadas depois, com a edificação dos centros urbanos e o avanço do pensamento antropológico, o próprio campo reconhece que "a modernidade carrega em seu bojo um forte elemento diferenciador" (ORTIZ, 2015a, p. 24). A discussão sobre "diferença" se dá intimamente articulada à noção de diversidade. Entretanto afirmar meramente que diversidade *é* diferença, não possui valor conceitual. As diferenças são determinadas no tempo-espaço, portanto devem ser qualificadas em termos contextuais: "toda diferença é produzida socialmente, sendo portadora de sentido histórico" (2015a, p. 31). Essa é a percepção que permite distingui-la da ideia de *pluralismo*[48], por exemplo.

---

[47] WIEVIORKA, M. **La diversité**: rapport à la ministre de l'Enseignement supérieure et de la Recherche. Paris: Robert Laffont, 2008.

[48] Embora evidencie uma não universalidade com seu prefixo "plural", pressupõe que a diferença deve ser organizada dentro de um *continuum*, um quadro hegemônico com função hierarquizante. Daí, perde-se a preocupação com o poder (ORTIZ, 2015a).

DIVERSIDADE, RECONHECIMENTO E IDENTIDADE: NOTAS TEÓRICAS
A PARTIR DA COMUNICAÇÃO

Portanto, podemos afirmar que as condições da produção da *diferença* implicam diretamente nos conflitos — no significado antropológico do termo[49] — da diversidade em âmbitos estruturais e, também, nas práticas cotidianas. Isso quer dizer que a interação das diferenças no pano de fundo da diversidade esconde/revela a distribuição do poder. "Assim, o racismo afirma a particularidade das raças, para em seguida ordená-las segunda uma escala de valor" (ORTIZ, 2015a, p. 33). Portanto, é indispensável compreender as lógicas da produção do discurso sobre a diversidade, identificando as circunstâncias em que ele mobiliza relações de poder através da diferença, do "Outro". Nesse cenário, Ortiz não perde a oportunidade de demonstrar as contradições da modernidade-mundo: a valorização deste Outro (na perspectiva da *diferença*), legitima uma lógica universalista de humanidade conforme a época das Luzes: "Tanto Axel Honneth quanto Charles Taylor enfatizam a dimensão do reconhecimento[50] como elemento fundamental da realização do ser humano" (2015a, p. 34). O *reconhecimento* torna-se, assim, uma exigência universal moderna reprodutora de antigos ideais universais: democracia, igualdade, cidadania. Entretanto, contemporaneamente, tais valores não têm seu fim no imaginário do Homem universal, mas sim na ressignificação das diferenças. Desse modo, valores universais e diversidade mobilizam-se entre si. É por isso que Renato Ortiz (2015a, p. 35) considera a ideia de *diversidade* um oximoro: "ela exprime a coerência de algo que parece ser mutuamente excludente. Isso é possível porque o contexto se transformou".

---

[49] Noção bastante cara a Antropologia, Sociologia e História, corresponde a disputas em torno de objetivos coletivos. Podem se manifestar através de passeatas ou via uma revolução. O conflito dá-se em um contexto no qual prevalece um modelo de desenvolvimento social específico, envolvendo múltiplos agentes. "Assim, identificar apenas dois grupos, criando uma polarização, principalmente diante da complexidade humana, seria negligenciar a gama de possibilidades propostas pela diversidade social" (SANTOS, 2014, p. 546). Tais disputas permitem pautar discussões em torno de temas específicos, bem como favorece que grupos sociais marginalizados se tornem visíveis e reconhecidos na esfera pública. Entretanto nem todo o conflito social garante a sensibilização ampla da sociedade. Alguns, nem participam do debate público.

[50] Abordaremos a problemática no Capítulo 3.

***

Para elucidar o conceito de *diversidade*, realizamos uma incursão no pensamento de Renato Ortiz em três obras fundamentais (ORTIZ, 1994, 2008, 2015a). Com essa estratégia, retomamos momentos históricos, como o período das Luzes, que nos leva à consolidação da lógica da razão universal no Ocidente. Recuperamos a noção de *modernidade-mundo*, que entra em cena no questionamento das certezas modernas, o que deflagra na negação da possibilidade da homogeneização cultural. É nesse debate que o pensamento sobre *diversidade* começa a ser gestado. Em um primeiro momento, através da rejeição ao monolinguismo e à preservação da diversidade de línguas como símbolos da prosperidade entre os povos. Essa questão continua a ser problematizada e, em um segundo momento, a *diversidade* adquire a propriedade de *emblema* da modernidade-mundo. Ocupa um espaço primordial para pensar cultura e identidade no mundo globalizado, mobilizando as noções de *diferença* e de *reconhecimento* para adensar o debate. Como o próprio autor menciona mais de uma vez (ORTIZ, 2015a, 2015b), o entendimento sobre "diversidade" é polissêmico. As relações inscritas no conceito de diversidade, conforme mencionamos, não encontram correspondência direta em todos os autores do campo das Ciências Sociais.

O sociólogo Richard Miskolci, pesquisador vinculado à *Teoria Queer*, refuta alguns dos argumentos expostos até aqui no que tange principalmente às ideias de *diversidade* e de *diferença*. Para compreender sua crítica, vale fornecer um breve panorama das principais preocupações da *Teoria Queer*. O *"queer"* surge no bojo dos novos movimentos sociais[51] estadunidenses da década de 1960 que tinham como objetivo central a luta por direitos políticos e a reivindicação dos direitos sobre o próprio corpo. É nesse segundo ponto, principalmente, em que começa a germinar os debates sobre sexualidade, desejo e prazer. Na instância intelectual e teórica, essa mobilização política ganha a alcunha de *Teoria Queer* na década de 1980. A teoria em questão tem como objeto a abjeção, ou seja, aquilo

---

[51] Entre eles, os movimentos por direitos civis, antirracistas e as lutas feministas.

DIVERSIDADE, RECONHECIMENTO E IDENTIDADE: NOTAS TEÓRICAS
A PARTIR DA COMUNICAÇÃO

que se encontra fora do quadro de inteligibilidade do mundo Ocidental, tendo as preocupações que atravessam o corpo como centrais. "O *queer* busca tornar visíveis as injustiças e violências implicadas na disseminação e na demanda do cumprimento das normas e das conversões culturais, violências e injustiças envolvidas tanto na criação dos 'normais' quanto dos 'anormais'" (MISKOLCI, 2016, p. 26). É na esteira dessa proposição que a crítica sobre *diversidade* se estabelece.

Em sintonia com Renato Ortiz, Miskolci também identifica que esse debate está arraigado no mundo social, principalmente na instância política: "quase todos os programas governamentais e *slogans* dos movimentos sociais vêm com esse termo [diversidade] [...]" (2016, p. 15). A posição adotada pelo autor estabelece uma diferença teórica incompatível entre *diversidade* e *diferença*. A partir da leitura das obras fundamentes da Teoria do Reconhecimento, Miskolci concorda que *diversidade* tem a ver com a compreensão das demandas por respeito a partir de grupos subalternizados cujos direitos não foram reconhecidos historicamente. Entretanto, na sua interpretação, o debate à luz da diversidade é colocado "[...] de forma que esses direitos particulares sejam reconhecidos dentro de um contexto institucional universalista" (2016, p. 49). O autor sugere que diversidade tem a ver com tolerância, retórica também presente no discurso do multiculturalismo: "A diversidade serve a uma concepção horizontal de relações sociais que tem como objetivo evitar a divergência e, sobretudo, o conflito" (2016, p. 52). De acordo com Miskolci, a diversidade é traduzida na lógica da tolerância, quando o que se demanda é o *reconhecimento* do Outro. A noção de *diferença*, na perspectiva do sociólogo, cumpre esta função: "na perspectiva da diferença, reside a proposta de mudar as relações de poder [...], é necessário compreender o processo de subalternização pra mudar a ordem hegemônica" (2016, p. 51-52). Assim, o autor resume que a proposta *queer* enfatiza a perspectiva da *diferença* em detrimento da *diversidade* como alternativa para a incorporação do

Outro na cena do reconhecimento como uma forma de encararmos as assimetrias das relações sociais.

Confrontando as perspectivas de Renato Ortiz e a de Richard Miskolci sobre *diversidade*, consideramos que os pontos da crítica de Miskolci foram resolvidas por Ortiz. Enquanto Miskolci sugere uma equivalência entre diversidade e multiculturalismo, Ortiz realiza tal distinção: a abordagem multicultural é absorvida sobretudo pelos teóricos do marketing e economicistas. Na perspectiva do mundo multicultural, a sociedade seria formada como um caleidoscópio, "[...] instrumento que combinaria os fragmentos coloridas de maneira fortuita, em função do deslocamento do olhar do observador" (ORTIZ, 2015a, p. 33). Essa concepção, de fato, esvazia a noção do poder que estrutura esses "fragmentos": "as interações entre as diversidades nada tem de arbitrárias" (2015a, p. 33). Outro ponto é o que Miskolci compreende acerca do próprio conceito de *diversidade*, algo que horizontaliza o poder. A essa concepção, como já demonstrado, Ortiz chama de *pluralismo*: "A impossibilidade da integração repousa na afirmação autônoma das partes, o que exigiria uma centralização do poder. O termo plural possui, portanto, uma conotação restritiva" (ORTIZ, 2015a, p. 32). Por fim, identificamos que enquanto Miskolci entende *diversidade* e *diferença* como valores separados e independentes — em que a *diferença* teria um potencial de emancipação política superior —, Ortiz compreende que ambos os elementos fazem parte de um mesmo processo de organização social e de circulação do poder.

***

Esta pesquisa, vinculada aos Estudos Culturais e próxima à abordagem decolonial, conforme já mencionamos, toma os conceitos e perspectivas de Renato Ortiz para definir os contornos da temática da diversidade. Acreditamos que suas ideias sobre o termo expandem — no âmbito conceitual — os debates relacionados à diferença e à identidade, questões igualmente caras ao empreendimento

DIVERSIDADE, RECONHECIMENTO E IDENTIDADE: NOTAS TEÓRICAS
A PARTIR DA COMUNICAÇÃO

teórico deste livro. Do ponto de vista prático, concordamos com Miskolci e a abordagem *queer* — ainda que não nos filiemos a ela — no reconhecimento da necessidade urgente de confrontarmos as hierarquizações da diferença organizadas pelo poder. No próximo capítulo, seguimos matizando conceitos relevantes para o debate da "diversidade": *identidade* e *reconhecimento*, a partir de autores como Martín-Barbero, Axel Honneth e Rousiley Maia, sem perder de vista suas interfaces com a comunicação midiática que atravessa os processos socioculturais do mundo contemporâneo.

3

PARA PENSAR DIVERSIDADE COMO QUESTÃO DE RECONHECIMENTO: O PAPEL DA COMUNICAÇÃO

Há um entrelaçamento inevitável entre os debates teóricos sobre reconhecimento, identidade e o papel[52] dos meios de comunicação. Neste capítulo, comentamos acerca dessas aproximações de modo que, ao fim, seja possível situar a relevância da mídia para a problemática tratada. Iniciamos a discussão junto a uma perspectiva latino-americana sobre identidade, pautada pelo pensamento de Jesús Martín-Barbero. Em seguida, nos direcionamos à ideia de "reconhecimento" conforme concebida pelo filósofo alemão Axel Honneth. O autor ampara a sua reflexão 200 anos após o que Hegel discutira[53] sobre "reconhecimento", evidenciando os limites de um posicionamento filosófico metafísico descolado do universo empírico.

3.1 ESTUDOS CULTURAIS E AS PERSPECTIVAS BARBERIANAS SOBRE IDENTIDADE

Inicialmente cabe explicitar a qual noção de "identidade" nos vinculamos nesta obra. Os Estudos Culturais, em sua abordagem latino-americana, é um terreno fértil para essa discussão. Este

---

[52] Há um extenso debate sobre o conceito de "papel" no campo da Sociologia. Neste projeto, identificamos o conceito do termo como aquilo que se espera de algo ou alguém. "Papéis" podem ser mais ou menos detalhados no seu roteiro de expectativas, abrindo brechas para diferentes graus de "afastamento do papel" (*role-distance*), o que pode causar experiências de conflitos sociais (BRUCE; YEARLEY, 2006).

[53] Esta é uma discussão inacabada que não foi levada adiante pelo filósofo. Honneth declara que "[...] ele a sacrificou ao objetivo de erigir um sistema próprio à filosofia da consciência, deixando-a para trás, incompleta" (2003, p. 117).

paradigma, geopoliticamente situado, é valioso, pois inscreve uma perspectiva que avança a partir de um pensamento decolonial[54] acerca daquilo que fora produzido pela corrente clássica — a britânica[55] — dos Estudos Culturais. É a partir dos escritos de Richard Hoggart, E. P. Thompson, Raymond Williams, Stuart Hall, entre diversos outros autores de variadas disciplinas, que o filósofo Jesús Martín-Barbero elabora a sua discussão em torno das identidades culturais, tendo a América Latina como laboratório, atualizando a discussão a partir das especificidades históricas do território latino.

Sua obra mais lida e debatida, *De los medios a las mediaciones*, publicada originalmente em 1987[56], é considerada um "giro epistemológico", pois descentra a análise dos meios de comunicação para o lugar onde os seus usos ocorrem: no bairro, no cotidiano, na cultura. É o que alimenta a teoria das mediações, sua principal contribuição teórica para pensar a tríade comunicação-cultura-política. A interpretação de Martín-Barbero sobre as diversas temáticas analisadas recai em discussões como a força mercantil do "Norte" na configuração das experiências das massas no nosso território; o conflito estabelecido entre essa hegemonia e as representações das telenovelas, por exemplo, através do seu melodrama; entre outros fenômenos que articulam indústrias cultural e cultura popular (JACKS; SCHMITZ; WOTTRICH, 2019). Sobretudo o autor está empiricamente preocupado em perceber quais sentidos estão sendo produzidos e qual o alcance destes para a conformação das identidades socioculturais. Portanto, é nesse contexto que Martín-Barbero situa a sua discussão sobre identidade:

> A nova compreensão do **problema da identidade**, em conflito não só com o funcionamento do

---

[54] Luciana Ballestrin (2013), professora e doutora em Ciência Política, explica que o termo "decolonial" não deve ser confundido com "descolonização". O primeiro sinaliza a transcendência da "face obscura da modernidade"; enquanto a descolonização indica em termos históricos, a superação do período colonialista.

[55] Conforme apontado por Jacks, Libardi e Fuel (2022) em estudo sobre as origens e desdobramentos das versões dos Estudos Culturais do sul global, a narrativa de que a perspectiva "nasce" no Reino Unido é questionável.

[56] A versão consultada para este projeto é a de 2001, na língua portuguesa, publicada pela Editora UFRJ.

> transnacional, mas também com a chantagem freqüentemente operada pelo nacional, **surge inscrita no movimento de profunda transformação do político**, que leva as esquerdas latino-americanas a uma concepção não mais simplesmente tática, mas sobretudo estratégica quanto à *democratização,* isto é, enquanto espaço de transformação social (MARTÍN-BARBERO, 2001, p. 295-296, grifo nosso, itálico do autor).

A preocupação do autor recaía sobre as formações identitárias em um período em que os debates sobre os "efeitos" da globalização diante da abertura dos mercados eram a ponta da discussão. No âmbito acadêmico e intelectual, havia uma enorme preocupação em relação à preservação das identidades e culturas locais, regionais e nacionais dos povos do Sul. Em resposta à perspectiva dos "efeitos" que incidiriam de cima para baixo sobre essas culturas, Martín-Barbero observa que "a saída, então, é tomar o original importado como *energia,* potencial a ser desenvolvido a partir dos requisitos da própria cultura" (2001, p. 268, grifo do autor). O filósofo constata, a partir de análises históricas e estudos empíricos que, na América Latina, o discurso supostamente "homogeneizante" da mídia entra em conflito com a cultura e a identidade nacional produzida regionalmente por iniciativas políticas governamentais e através dos conteúdos jornalísticos, televisivos e radiofônicos. O melodrama, por exemplo, através do cinema mexicano, exerceu função central para a consolidação de uma identidade latino-americana. No meio disso, as identidades culturais latino-americanas se conformam via múltiplas práticas, sendo imprevisível calcular, de antemão, as consequências dessa tensão entre narrativas midiáticas importadas e regionais para a sua elaboração.

É aí que se inaugura a perspectiva do estudo dos usos sociais da mídia. Conforme Martín-Barbero,

> [...] o estudo dos usos nos obriga, então, a deslocarmos o espaço de interesse dos meios para o lugar onde é produzido o seu sentido: para os movimentos

sociais e de um modo especial para aqueles que partem do bairro (2001, p. 281).

O fluxo metodológico que se direciona à cultura, ou seja, às pessoas, observando o seu entorno, suas práticas, opiniões, anseios, desejos e histórias de vida, orienta o trabalho do autor para analisar não apenas as relações entre pessoas e mídia, mas também para compreender a formação de identidades culturais. Em suas explorações, Martín-Barbero constata que

> [...] a identidade não se choca apenas com a aberta homogeneização trazida pelo transnacional, mas também com aquela, disfarçada, do nacional, com a negação, a deformação e a desativação da pluralidade cultural constitutiva desses países (2001, p. 295).

Cerca de 20 anos depois, no início do século XXI, noutro contexto político, tecnológico e cultural, Jesús Martín-Barbero recupera o debate sobre identidades. Apresentamos a atualização do seu pensamento sobre o assunto a partir de três textos: *Tecnicidades, identidades, alteridades: desubicaciones y opacidades de la comunicación en el nuevo siglo*, de 2007; *Uma aventura epistemológica*, entrevista de 2009 concedida à Maria Immacolata Lopes; e *As formas mestiças da mídia*, outra entrevista do mesmo ano publicada na *Revista Fapesp*.

Neste início de século XXI, Martín-Barbero está ainda mais interessado em compreender as dinâmicas dos usos sociais das tecnologias de comunicação. Isso porque ele enxerga uma relação íntima entre as "novas" tecnologias, como a internet, as múltiplas possibilidades de usos criativos da mídia e de seus aparatos e a produção de identidades culturais a partir dos sujeitos. A essa condição, ele denomina de "tecnicidade". Essa mediação já vinha sendo elaborada desde 2001, com a segunda edição de *Dos meios às mediações*, quando o autor passa a destacar o lugar central da tecnologia como um conector global, questionando acerca do seu estatuto social (MARTÍN-BARBERO, 2001). Com o passar de alguns anos, o autor passa a sustentar que nos encontramos em um contexto em que "saímos da visão instrumental da técnica, saímos da visão ideologista da tecnologia. A tecnicidade está no mesmo nível de identidade [...]" (MARTÍN-BARBERO, 2009a). Afirmar que a tecnicidade e identidade encontram-se de igual para igual sinaliza a impossibilidade empírica de se investigar identidades de modo descolado das relações dos sujeitos com a tecnologia. Afinal, como o autor observa,

> [...] o que estamos necessitando pensar é a hegemonia comunicacional do mercado na sociedade, ou melhor, a conversão da comunicação no mais eficaz motor de desengate e inserção das culturas – étnicas, nacionais ou locais – no espaço/tempo do mercado e das tecnologias (MARTÍN-BARBERO, 2007, tradução nossa[57]).

Somado a isso, há o cenário da crise das identidades. O autor explica que essa paisagem vem se delineando a partir da fragmentação e espalhamento das referências para a produção das identidades individuais e coletivas. Se outrora a política, a religião e a escola eram os principais referentes, hoje eles estão espalhados noutras instituições, como a própria mídia. Quando a sociedade perde o seu centro de referência, "[...] as identidades que eram o centro do sujeito também deixam de sê-lo" (MARTÍN-BARBERO, 2009b). Nesse descentramento, junto a movimentos sociais e teóricos como o próprio feminismo[58], afirma-se o caráter subjetivo e fraturado das identidades culturais no mundo contemporâneo. Em seus textos do início do século XXI, Martín-Barbero fala, além das "tradicionais" identidades étnicas, locais e nacionais; das identidades geracionais, de gênero e sexuais. Para ele, estas "novas" identidades que habitam a paisagem cultural contemporânea têm adquirido uma dimensão protagonista no contexto dos conflitos internacionais, ao mesmo tempo que reconfiguram os sentidos do laço social e as possibilidades

---

[57] No original: "[...] lo que estamos necesitando pensar es la hegemonía comunicacional del mercado en la sociedad, o mejor, la conversión de la comunicación en el más eficaz motor del desenganche e inserción de las cultural – étnicas, nacionales o locales – en el espacio/tiempo del mercado y las tecnologías".

[58] Martín-Barbero (2007) considera que o feminismo inaugurou a afirmação do caráter múltiplo e fragmentado das subjetividades que compõem as identidades não através de postulados teóricos, mas sim como resultado do pensamento acerca das experiências de opressão.

de convivência em sociedade (MARTÍN-BARBERO, 2007). Apesar dessa celebração, o autor não deixa de destacar a forma com que essas identidades são incorporadas nas operações comunicacionais do mundo globalizado:

> Essa é a outra cara da globalização acelerando as operações de desenraizamento com que pretende inscrever as identidades nas lógicas dos fluxos: dispositivo de tradução de todas as diferenças culturais à língua franca do mundo tecnofinanceiro e volatização das identidades para que flutuem livremente no vazio moral da indiferença cultural (MARTÍN-BARBERO, 2007, p. 79, tradução nossa[59]).

Frente a estas constatações: a) da fragmentação das bases subjetivas das identidades culturais contemporâneas; b) da emergência de múltiplas identidades através de movimentos sociais; c) da relação por vezes conflituosa entre as novas identidades e os sistemas de mídia globais; d) dos usos inquestionáveis das tecnologias para a produção da identidade no século XXI (MARTÍN-BARBERO 2007, 2009a, 2009b), o autor direciona a sua preocupação para a legitimidade das identidades culturais no contexto social e político do nosso tempo.

Acionando o pensamento de Charles Taylor[60], Martín-Barbero coloca em questão a validação política dessas identidades via a discussão sobre reconhecimento:

> [...] ao tornar-se expressiva de um sujeito individual ou coletivo, a identidade depende de, e portanto sobrevive do reconhecimento dos outros: a identidade se constrói no diálogo e no intercâmbio, já que é aí onde indivíduos e grupos se sentem

---

[59] No original: *"Ésa es la otra cara de la globalización acelerando las operaciones de desarraigo con que intenta inscribir las identidades en las lógicas de los flujos: dispositivo de traducción de todas las diferencias culturales a la lengua franca del mundo tecnofinanciero y volatilización de las identidades para que floten libremente en el vacío moral y la indiferencia cultural".*

[60] No subcapítulo seguinte discorremos sobre o pensamento do autor em maiores detalhes.

depreciados ou reconhecidos pelos demais (2007, p. 84, tradução nossa[61]).

Antes de seguirmos articulando a perspectiva de Martín-Barbero sobre reconhecimento, vale discutir, a partir dos cânones, como a teoria do reconhecimento ganhou fôlego e estatuto de "teoria" a partir da década de 1990 e como o seu conceito pode ser articulado à pesquisa em Comunicação.

3.2 TEORIA DO RECONHECIMENTO E SUAS CONTRIBUIÇÕES PARA O CAMPO DA COMUNICAÇÃO

A teoria do reconhecimento ganha maior alcance e operacionalização metodológica através das contribuições do filósofo alemão Axel Honneth. Decidido a dar continuidade ao pensamento de Hegel, no contexto acadêmico da Escola de Frankfurt, aproxima-se do campo da psicologia social através da figura de George H. Mead. Conforme esclarecido por Honneth, "com os meios construtivos da psicologia social de Mead foi possível dar à teoria hegeliana da 'luta por reconhecimento' uma inflexão 'materialista'" (2003, p. 155). Axel Honneth, em diálogo com outros pensadores pós-hegelianos como Karl Marx e Michel Foucault, empreende sua teoria do reconhecimento a partir de uma reconstrução empiricamente sustentada do pensamento de Hegel.

Em sua obra *Luta por reconhecimento: a gramática moral dos conflitos sociais*, publicada originalmente em 1992, Honneth, via um extensivo diálogo entre os autores supracitados, empreende a ideia de que as identidades são forjadas intersubjetivamente via mecanismos de reconhecimento. A noção de intersubjetividade na relação humana adquire relevância central. A partir dessa tese, o autor destaca a tríade fundamental que promove o reconhecimento: amor, solidariedade/estima social e justiça. A falta desses

---

[61] No original: *"Al tornarse expresiva de un sujeto individual o colectivo, la identidad depende de, y por lo tanto vive del, reconocimiento de los otros: la identidad se construye en el diálogo y el intercambio, ya que ahí donde individuos y grupos se sienten despreciados o reconocidas por los demás".*

elementos seria a faísca disparadora do desrespeito e dos processos de desumanização.

> Nesse sentido, a diferenciação de três padrões de reconhecimento deixa à mão uma chave teórica para distinguir sistematicamente os outros tantos modos de desrespeito: suas diferenças devem se medir pelos graus diversos em que podem abalar a auto-relação prática de uma pessoa, privando-a do reconhecimento de determinadas pretensões da identidade (HONNETH, 2003, p. 214).

Em sua obra, a discussão sobre *luta por reconhecimento* é desenvolvida em defesa das identidades plurais, dissidentes e rejeitadas, vítimas do desrespeito e falso reconhecimento. Em alguns momentos de seus escritos, o autor resgata o vínculo entre reconhecimento e identidade, afirmando que toda a identidade é forjada através de uma expectativa de reconhecimento profundamente arraigada: "[...] se essas expectativas normativas são desapontadas pela sociedade, isso desencadeia exatamente o tipo de experiência moral que se expressa no sentimento do desrespeito" (HONNETH, 2003, p. 258). O filósofo destaca que as três experiências citadas são vividas, incialmente, no plano individual, principalmente o amor. Esse fator, estabelecido essencialmente na relação entre indivíduos, pode se dar na forma de maus tratos durante a infância, por exemplo. Os outros dois, representados nas práticas de desrespeito como injustiça e menosprezo, embora também experienciados de maneira individual, tendem a ser coletivos. E é a partir da experiência compartilhada que Honneth vislumbra possibilidades para a ação política na forma de lutas por reconhecimento.

Portanto, dando destaque a) à noção de experiência individual e coletiva; b) à construção de estima às identidades plurais; c) aos efeitos cognitivos e inconscientes das práticas de desrespeito; e d) às alternativas para a resistência, o autor centra o seu pensamento sobre identidades inserindo os conceitos de "subjetividade" e de "relação" como pilares estruturantes do debate.

DIVERSIDADE, RECONHECIMENTO E IDENTIDADE: NOTAS TEÓRICAS
A PARTIR DA COMUNICAÇÃO

Tais conceitos são de fato marcantes nas discussões sobre identidade, tendo em vista o seu caráter relacional e extensivo. Charles Taylor (1994), filósofo canadense, é um autor importante para elucidar essas questões junto ao debate sobre reconhecimento. Ele aproxima-se das ideias de Alex Honneth, seu contemporâneo, pois, assim como o alemão, tem como ponto de partida o pensamento de Hegel sobre "reconhecimento". O autor situa a premissa de que o reconhecimento é construído na relação intersubjetiva, ou seja, no contato com o outro, concordando com Honneth que o "reconhecimento" é característica *sine qua non* para que indivíduos e grupos tenham direito a exercer plenamente suas identidades. Em seu texto *The politics of recognition*, também de 1992, o autor dá ênfase aos problemas da conjuntura política para pensar sobre a promoção de políticas de reconhecimento.

Assim como Honneth, Taylor concorda que as questões sobre reconhecimento e identidade são preocupações modernas. O canadense traça uma breve historicização sobre a emergência deste debate, demonstrando que o colapso das hierarquias sociais estáveis fundadas no papel social da honra[62] e as noções de dignidade e igualdade inauguradas pela democracia, inflamam a reivindicação por políticas de reconhecimento. A articulação entre esses dois fenômenos instaura a possibilidade da *autenticidade*, ou seja, o ideal de que posso e devo ser respeitado seja qual for a identidade da qual nos aproximamos e que me aproprio para dar sentido ao meu modo de estar no mundo.

> A importância do reconhecimento é agora universalmente apreendida em uma ou outra forma; em um plano íntimo, estamos cientes de como a identidade pode ser bem ou mal construída através do curso do nosso contato com outros. No plano social, temos a contínua política de reconhecimento igualitário. Ambos os planos têm sido moldados pelo

---

[62] Taylor localiza a discussão do conceito de "honra" compartilhada à época do Antigo Regime dos séculos XV ao XVIII, explicando que o termo sinaliza um elemento de distinção. Honra, à época, é algo que nem todo mundo mereceria possuir, podendo ser um título de prestígio ou a posição ocupada na estrutura de classes (pertencer à classe aristocrática, por exemplo).

> crescente ideal de autenticidade, e **reconhecimento possui um papel essencial na cultura** que tem se desenvolvido ao redor desse ideal (TAYLOR, 1994, p. 36, grifo meu, tradução nossa[63]).

O autor não chega a explicitar de que forma a temática do reconhecimento se espalha na cultura, delimitando-se, conforme já dito, ao espectro político do cotidiano. Axel Honneth demarca a relevância da cultura para os problemas do reconhecimento. Na conclusão de sua obra de 1992, o autor sugere que a sociedade moderna se desenvolveu a ponto de que a autorrealização individual e coletiva adquiriu a força necessária para vir a tornar-se um movimento político. Destaca, porém, que "[...] suas exigências só podem ser cumpridas a longo prazo quando ocorrem mudanças culturais que acarretam uma ampliação radical das relações de solidariedade" (HONNETH, 2003, p. 280).

A esta altura, parece ser conveniente realizar um deslocamento e aproximarmos o debate sobre identidade e reconhecimento ao campo da cultura através do papel dos meios de comunicação. Retornando à perspectiva dos Estudos Culturais, compreendemos a mídia como parte integrante da cultura, desempenhando um papel estruturante ao sugerir, através de um alcance massivo, modos de ser e estar no mundo. No dossiê *Mídia, reconhecimento e constituição de subjetividades* da *Revista Contracampo*, o pesquisador britânico Nick Couldry revela que a primeira vez que Honneth deu atenção à mídia para avançar na sua teoria do reconhecimento foi em sua obra de 2014 intitulada *Freedom's right*.

Na obra, em constante diálogo com Habermas e seu debate sobre *opinião pública*, Honneth reconstitui a formação da imprensa no final do século XIX, a ascensão do Nazismo na Europa considerando que esse êxito foi possível através do controle dos meios de

---

[63] No original: "*The importance of recognition is now universally acknowledged in one form or another; on an intimate plane, we are all aware of how identity can be formed or malformed through the course of our contact with significant others. On the social plane, we have a continuing politics of equal recognition. Both planes have been shaped by the growing ideal of authenticity, and recognition plays an essential role in the culture that has arisen around this ideal*".

DIVERSIDADE, RECONHECIMENTO E IDENTIDADE: NOTAS TEÓRICAS
A PARTIR DA COMUNICAÇÃO

comunicação. O filósofo alemão avança na reconstituição histórica, lembrando que a partir de 1960, movimentos de resistência em prol da democracia emergem junto a movimentos estudantis organizados de modo que "o debate sobre as condições de existência de uma democracia pública seria agora focado nas condições da mídia de massa" (HONNETH, 2014, p. 285, tradução nossa[64]). Após confirmar a relevância dos meios de comunicação em suas reconstituições históricas, Honneth conclui que

> Se há uma conclusão-chave que podemos delinear nos quase duzentos anos de luta social e política por liberdade de comunicação no novo espaço comum de formação de vontade política, é que os direitos individuais garantidos pelo governo para expressar a opinião de alguém e ter participação política não é suficiente (HONNETH, 2014, p. 289-290, tradução nossa[65]).

Axel Honneth, escrevendo desde um contexto europeu e filiado à Escola de Frankfurt, é crítico em relação ao papel da mídia, defendendo exaustivamente que os meios de comunicação deveriam estar nas mãos do governo a fim de promover uma sociedade de fato democrática. Portanto, o ponto de vista adotado por Honneth (2014) em relação à mídia adquire um teor comum aos pensadores frankfurtianos. O autor não vislumbra possibilidades de viabilização de uma representação midiática democrática, que contemple diferentes identidades em sua diversidade, em um sistema de mídia dominado por organizações privadas. Portanto, a lógica capitalista, entranhada na organização do ecossistema midiático, é o que deve ser combatido para que se comece a considerar uma mídia democrática que atue em prol das lutas por reconhecimento.

Pensando tais críticas junto ao paradigma dos Estudos Culturais, o posicionamento de Axel Honneth parece não levar em

---

[64] No original: *"The debate within the democratic public over the conditions of its own existence would now be refocused on the state of the mass media"*.

[65] No original: *"[...] individual rights granted by the government to express one's opinion and participate politically are in no way sufficient"*.

conta as estratégias que conglomerados midiáticos adotam em concordância e/ou negociação com a pauta de movimentos sociais. Afirmar que não é possível fomentar uma discussão democrática sobre as diferenças, que paute o reconhecimento, em um sistema de mídia privado, parece uma posição radical que não deixa brechas para as microrresistências internas ou para a capacidade de produção de sentidos orientada à ação por parte das audiências. Honneth comenta brevemente acerca da relação entre audiência e meios de comunicação:

> Quanto menos pessoas possuírem estas habilidades [de aprender e praticar a crítica da mídia], esse processo de comunicação se articulará a posições socialmente elevadas com mais intensidade e se tornará um lugar seguro exclusivo das classes com educação formal. A parte da mídia de massa que ainda é comprometida ao seu ethos profissional está inevitavelmente abordando um estado de solipsismo elitista, que não é comparável à situação na primeira metade do século XX por conta do contrapeso cultural provido pelo movimento dos trabalhadores (HONNETH, 2014, p. 298-299, tradução nossa[66]).

O autor, em seu posicionamento frankfurtiano no que diz respeito à mídia e à capacidade de agência dos sujeitos, parece partir da premissa de que a audiência é levada à alienação por parte dos veículos de comunicação comandados por empresas privadas. Identifica ainda um desengajamento político por parte dos movimentos no que diz respeito à produção deste "contrapeso cultural", permitindo, assim, que a mídia produza um discurso exclusivamente voltado às classes dirigentes. Honneth, talvez desatento às dinâmicas da produção de sentido por parte da audiência, não observa o caráter dialético (mas não horizontal) entre mídia e audiências. Não leva em conta

---

[66] No original: *"The fewer who possess such skills [of learning and practicing critique], the stronger this communication process will shift upward socially and become the exclusive preserve of the educated classes. That part of the mass media still committed to its professional ethos is inevitably approaching just such a state of elitist solipsism, which is not comparable to the situation in the first half of the twentieth century because of the cultural counterweight provided by the labour movement".*

movimentos de incorporação/cooptação/articulação que emissoras de televisão, por exemplo, adotam após longas pesquisas junto a diferentes grupos sociais a fim de produzir um filme, uma telenovela ou um anúncio publicitário. Portanto, apesar das importantes contribuições no que diz respeito à teoria do reconhecimento e sobre o pensamento do autor acerca do inquestionável papel dos meios de comunicação para a promoção democrática do reconhecimento, seu pensamento esbarra no pessimismo frankfurtiano. Como avançar?

Resgatando as ideias de Jesús Martín-Barbero, um crítico da Escola de Frankfurt, evidenciamos o que o autor tem a dizer sobre a relação entre reconhecimento e comunicação. De início, o autor afirma que "[...] o que galvaniza, hoje, as identidades como motor de luta é inseparável da demanda por reconhecimento e sentido" (2007, p. 81, tradução nossa[67]). Matizando sua discussão sobre o tema, o autor evidencia duas estratégias para a produção do reconhecimento: a partir da inserção dos cidadãos nas decisões políticas que afetam as suas experiências vividas no cotidiano, defendendo ainda que os interesses promovidos por essas iniciativas devem atuar em prol de interesses em comum, e não em função do capital[68]. O que Martín--Barbero introduz é a centralidade dos meios de comunicação como importantes agentes catalisadores de reconhecimento no século XXI:

> [...] falar de reconhecimento implica [...] o direito à expressão nos meios massivos e comunitários de todas aquelas culturas e sensibilidades majoritárias ou minoritárias através das quais sua ampla e rica diversidade constitui nossos países (2007, p. 86, tradução nossa[69]).

---

[67] No original: *"[...] lo que galvaniza hoy a las identidades como motor de lucha es inseparable de la demanda de reconocimiento y de sentido".*

[68] A perspectiva do reconhecimento fomentado a partir da participação política também é compartilhada por Honneth e por Taylor, conforme já fora desenvolvido.

[69] No original: *"[...] el derecho a la expresión en los medios masivos y comunitarios de todas aquellas culturas y sensibilidades mayoritarias o minoritarias a través de las cuales para la ancha y rica diversidad de la que están hechos nuestros países".*

O autor compreende que os aparatos tecnológicos são lugares privilegiados para que as identidades subalternas possam ser narradas em diferentes linguagens: oral, escrita e audiovisual. Dessa maneira, como fora discutido anteriormente, Martín-Barbero adensa e atualiza a relevância da mediação da tecnicidade de modo que, conforme relatado em entrevista, "[...] ligo tecnicidade ao que está se movendo na direção da identidade" (2009a, s/p.). A discussão do autor, portanto, recai não apenas na defesa da representação de diferentes grupos na mídia hegemônica. Também diz respeito à relevância de que diferentes grupos sociais possam atuar junto à mídia de massa, participando tanto das estratégias de produção midiática quanto das políticas de regulação, por exemplo. É com esse movimento, construído através da luta por parte de movimentos sociais ligados a pautas identitárias, que "[...] hoje a identidade se constitui na negação mais destrutiva[70], mas também mais ativa e capaz de introduzir contradições na hegemonia da razão instrumental" (MARTÍN-BARBERO, 2007, p. 81, tradução nossa[71]).

A luta por reconhecimento, na perspectiva de Martín-Barbero, atua estruturalmente no sistema midiático, pois o movimento complica os cânones dos formatos industriais. Compreendendo a mídia como um campo de *relatos* sobre diferentes grupos sociais, em uma conjuntura na qual as identïdades "explodem" e demandam reconhecimento, os gêneros midiáticos, em meio à proliferação da técnica, confundem-se e hibridizam-se: "é a contaminação entre sonoridades, textualidades, visualidades, as matérias-primas dos gêneros" (2009b, p. 154). O autor explica que não é uma questão de intertextualidade, mas sim de um processo de transformação no estatuto dos gêneros midiáticos:

> [...] nesse ecossistema e nesses dispositivos se joga
> – se faz e se desfaz – a diferença entre os gêneros
> cujo estatuto tem deixado de ser puramente literário

---

[70] O autor refere-se às práticas discriminatórias de nacionalismo, xenofobia e de fundamentalismos religiosos.

[71] No original: *"[...] hoy la identidad se constituye en la negación más destructiva, pero también más activa y capaz de introducir contradicciones en la hegemonía de la razón instrumental".*

DIVERSIDADE, RECONHECIMENTO E IDENTIDADE: NOTAS TEÓRICAS
A PARTIR DA COMUNICAÇÃO

> para tornar-se cultural, isso é questão de memória e reconhecimento (MARTÍN-BARBERO, 2007, p. 82, tradução nossa[72]).

Para o autor, a internet é a principal tecnologia que complexifica as narrativas dos gêneros, pois as apropriações e as "mestiçagens" produzidas pelos sujeitos tornam-se ainda mais imprevisíveis.

> A aproximação entre experimentação tecnológica e estética faz emergir, nesse desencantado começo de século, um novo parâmetro de avaliação da técnica, distinto de sua mera instrumentalidade econômica ou sua funcionalidade política: o de sua capacidade de comunicar, isto é, de significar as mais profundas transformações de época que experimenta a nossa sociedade [...] (MARTÍN-BARBERO, 2007, p. 94, tradução nossa).

Isso posto, identificamos a partir do pensamento de Jesús Martín-Barbero, que o debate sobre reconhecimento recai vigorosamente sobre o papel dos meios de comunicação de massa. O seu perspicaz argumento de que as tecnologias não são neutras e que, portanto, "constituem enclaves de condensação e interação de interesses econômicos e políticos com mediações sociais e conflitos simbólicos" (2007, p. 89, tradução nossa[73]), abre um vasto campo de possibilidades para pensar práticas de reconhecimento através da mídia: em suas políticas de representação da diferença, num nível institucional; e nas suas práticas de uso, pensando junto à audiência. A articulação entre ambos os "níveis" é o lugar onde se travam e se desdobram as lutas por hegemonias e por reconhecimento.

Apesar dessas contribuições de Martín-Barbero, a temática do "reconhecimento", conforme tratada neste projeto, não é uma prioridade teórica do autor. Suas pesquisas empíricas e reflexões, embora acabem discutindo práticas de reconhecimento através do

---

[72] No original: *"En ese ecosistema y esos dispositivos se juega – se hace y deshace – la diferencia entre unos géneros cuyo estatuto ha dejado de ser puramente literario para tornarse cultural, esto es cuestión de memoria y reconocimiento".*

[73] No original: *"[...] constituyen enclaves de condensación e interacción de intereses económicos y políticos con mediaciones sociales y conflictos simbólicos".*

debate sobre identidades, não aludem, de modo específico, diretamente uma teoria do reconhecimento. Portanto, cabe investigar como o campo da Comunicação vem aproximando esse debate. Nick Couldry declara:

> Há muitas razões, portanto, para crer que o conceito de reconhecimento – e em particular, o reconhecimento como atualizado através de meios de comunicação social nas suas várias formas – é uma linha promissora de investigação teórica e empírica sobre teoria social e para a pesquisa em mídia e comunicação social (COULDRY, 2018, p. 2).

Rousiley Maia, professora no Departamento de Comunicação Social da UFMG, é uma das pesquisadoras brasileiras interessadas nas discussões sobre teoria do reconhecimento, identidade e mídia. Em 2014, lançou o livro *Recognition and the media*, publicado em inglês pela editora *Palgrave Macmillan*. Na Introdução da obra, a autora recupera a discussão de Axel Honneth sobre reconhecimento, resumindo o seu propósito e observando que toda a sua teoria (pelo menos até *Freedom's right*), é associada às dinâmicas interpessoais face a face. Maia defende que "em sociedades contemporâneas complexas e multiculturais, lutas por reconhecimentos, em grande medida são – e precisam ser – mediadas". É nesse contexto que os meios de comunicação entram em cena: "O processo de mediação que é empregado pela mídia é inevitável para a expansão de relações de reconhecimento e falso reconhecimento" (MAIA, 2014, p. 1, tradução nossa[74]).

A pesquisadora, citando variadas autoras e autores, entre eles, Stuart Hall, situa a mídia como um espaço de circulação de discursos que constituem o tecido cultural e político da sociedade. É lócus de articulação e negociação frente a uma ampla gama de disputas de opinião, discursivas e ideológicas. Desse modo, a mídia estabelece interface com as lutas por reconhecimento através de grupos cujos

---

[74] No original: "*In contemporary, complex, multicultural societies, struggles for recognition to a large degree are – and need to be – mediated. The process of mediation that is employed by the media is unavoidable for the expansion of relationships of recognition or misrecognition*".

DIVERSIDADE, RECONHECIMENTO E IDENTIDADE: NOTAS TEÓRICAS
A PARTIR DA COMUNICAÇÃO

membros encontram-se em alguma situação de desvantagem social, econômica ou política. A autora esmiúça a sua tese em três níveis.

O primeiro deles trata do âmbito da *representação*. Maia resume que pesquisadores tendem a pensar a representação midiática em duas posições: a mídia oferece um conteúdo que impacta a forma com que indivíduos enxergam e valorizam a si mesmos. Por outro lado, há quem trate a mídia como uma grande fonte de referência para que pessoas e grupos imaginem outras possibilidades de ser, uma vez que os meios oferecem "modelos mentais" que se perpetuam na cultura. Ambas as perspectivas colocam questões que interessam à teoria do reconhecimento. Maia defende essa aproximação partindo da premissa — com a qual concordamos — de que representações midiáticas integram discursos culturais e políticos. Por isso, representações não possuem um significado universal, devendo, portanto, serem identificadas dentro de "padrões de representação", conforme sugerido por Hall (1997). Essa abordagem "[...] é teórica e politicamente importante porque ela levanta questões sobre padrões de valor e tratamento que são intersubjetivamente acordadas com indivíduos e grupos em dada sociedade" (MAIA, 2014, p. 31, tradução nossa[75]).

Em um segundo nível, a autora, aproximando-se das discussões da economia política da comunicação, também indaga a respeito da *produção* das representações. De acordo com ela, é importante reconhecer os profissionais da mídia como "endereçados" (*addressees*), e não como "fazedores" (*makers*) das representações. Isso porque eles estão implicados tanto na produção, quanto no terreno social mais amplo, sendo igualmente socializados pela mídia. "Portanto, eu entendo que uma atitude pelo reconhecimento é algo que deve ser trabalhada não apenas entre profissionais da mídia e aqueles afetados, mas por muitos outros grupos sociais" (MAIA, 2014, p. 32, tradução nossa[76]).

---

[75] No original: *"[...] is theoretically and politically important because it raises questions about patterns of value and treatment that are intersubjectively accorded to individuals and groups in a given society".*

[76] No original: *"Therefore, I understand that the attitude of recognition is something that is worked out not only between media professionals and those affected, but by many other social groups".*

Após essas considerações, Maia antecipa-se afirmando que, através dessas perspectivas, não está querendo minimizar as críticas às operações de poder que existem no ecossistema midiático. A autora reconhece que elas atuam institucionalmente nas estruturas midiáticas, favorecendo majoritariamente as elites econômicas e políticas. No entanto, Maia observa que essa "regra" não deve ser tomada como verdade absoluta, sendo importante dedicar uma observação sobre como esse poder de fato circula: "[...] vendo a mídia de massa como um lugar de luta, precisamos ser sensíveis aos complexos e geralmente contraditórios processos que ocorrem lá" (MAIA, 2014, p. 33, tradução nossa[77]). Embora a autora não a situe dessa forma, acreditamos que essa observação sirva como extensão da crítica anterior a Axel Honneth e sua análise absolutista acerca do papel da mídia nas lutas por reconhecimento.

O terceiro nível trata da esfera da *recepção midiática*, âmbito que mais interessa a esta pesquisa. Rousiley Maia fornece algumas contribuições para pensar os nexos entre a teoria do reconhecimento e o estudo das audiências empreendido via Estudos Culturais britânicos. A autora chama atenção para a colocação de Stuart Hall ao conceber as diferentes interpretações da audiência sendo mobilizadas pelos níveis micro, mais íntimos e subjetivos; e pelo nível macro, organizado pelas estruturas sociais de determinado lugar e época. Essa articulação promoveria o que Hall denomina de "referenciais de conhecimento" (*framework of knowledge*) no seu modelo *encoding/ decoding*. Maia considera que "essa abordagem é particularmente importante para a perspectiva teórica do reconhecimento pois coloca conflito social, interpretado de uma perspectiva cultural e histórica, na linha de frente do problema" (2014, p. 39, tradução nossa[78]). Entretanto a autora descarta o modelo teórico de Hall *enco-ding/decoding* devido a algumas limitações apresentadas por Janet

---

[77] No original: "*In viewing mass media as sites of struggle, we should be sensitive to the complex and often contradictory processes that take place there*".

[78] No original: "*This approach is particularly important for a recognition-theoretical approach because it places social conflicts, interpreted from a cultural and historical perspective, at the forefront of its concern*".

DIVERSIDADE, RECONHECIMENTO E IDENTIDADE: NOTAS TEÓRICAS A PARTIR DA COMUNICAÇÃO

Staiger em seu livro sobre estudos de recepção midiática[79]. Maia considera que a perspectiva de investigar *"media practices"*, conforme apresentado por Nick Couldry (2012) em sua obra *Media, society, world: social theory and digital media practice*, faz mais sentido, pois leva em consideração não apenas os sentidos atribuídos à mídia, mas como a audiência se relaciona com os meios de comunicação.

> Enquanto a teoria do reconhecimento está centralmente preocupada com conflitos sociais e uma ampla gama de experiências de sofrimento relacionadas à individualização, socialização e inclusão social, os estudos de mídia oferecem uma série de evidências destes reais processos no cotidiano (MAIA, 2014, p. 41, tradução nossa[80]).

A pesquisadora é contundente ao demarcar a relevância que estudos empíricos com audiências possuem para o campo dos estudos sobre *mídia e reconhecimento*: "Pesquisa empírica provê muitas rotas para investigar diversas formas de poder social envolvido nas representações midiáticas no cotidiano e nos usos da mídia por indivíduos que estabelecem opressão social mas também emancipação" (MAIA, 2014, p. 41, tradução nossa[81]).

---

[79] STEIGER, J. **Media reception studies**. New York: New York University Press, 2005.

[80] No original: *"While the theory of recognition is centrally concerned with social conflicts and a full range of experiences of suffering related to individuation, socialization and social inclusion, media studies offer an array of evidence of these real processes in everyday life".*

[81] No original: *"Empirical research provides many routes for grasping diverse forms of social power entangled in media's everyday representations and individuals' media uses that enact social oppression as well as emancipation".*

CONCLUSÃO

Este livro buscou demonstrar ao leitor a larga extensão de possibilidades do uso do termo diversidade, aproximando-se da interface entre Sociologia e Comunicação para tentar lapidar um conceito amplo e contemporâneo. A partir desse movimento, podemos entender que *diversidade* é um conceito comumente trabalhado pela perspectiva mercadológica, e pouco explorado no campo das ciências sociais. Na literatura brasileira, Renato Ortiz é um dos poucos que se debruça sobre o assunto em perspectiva crítica. Portanto, esperamos ter contribuído para a matização desse conceito, que nos revelou que **diversidade é questão de comunicação e política, pois é terreno de encontros e conflitos entre diferentes indivíduos e grupos, capaz de revelar a estrutura das sensibilidades do mundo contemporâneo através dos regimes de representação e dos modos de produção de sentido frente às diferenças.**

A proposição desse conceito não tem a pretensão de ser totalizante. Como vimos ao longo deste estudo, *diversidade* é uma palavra que navega entre múltiplos campos de conhecimento, das exatas às biológicas e às humanas. Nosso esforço aqui esteve muito mais conectado à uma tentativa de pensar a *diversidade* enquanto um *problema* — no sentido de algo para ser investigado — das relações sociais e institucionais do mundo contemporâneo, mundo este que é produzido incessantemente forjado nas representações simbólicas das diferenças, que circulam através dos meios de comunicação de massa e das novas tecnologias de comunicação.

Este exercício de construção conceitual em torno do termo *diversidade* também não implica uma negação do seu uso no senso comum. Pelo contrário, que a diversidade possa, progressivamente, ser incorporada no vocábulo de todas as pessoas. Contudo, por ser um termo escorregadio e, atualmente, de grande circulação, também sabemos que se trata de uma expressão em disputa. De um lado, aqueles(as) que apregoam a diversidade acima de tudo e de todos;

e de outro, aqueles que a rejeitam a todo custo, em nome do medo do desconhecido. Entre esses dois, também existem processos de cooptação do termo — algo recorrente a partir do mercado — que pode contribuir para a democratização da "diversidade", mas que também pode esvaziar os seus sentidos.

Portanto, o esforço empreendido foi lançar um olhar crítico sobre nosso objeto teórico de modo que — quando formos discuti-lo desde um ponto de vista científico — consigamos partir de um lugar teoricamente mais consolidado. Desse modo, esperamos que este livro possa ser uma fonte de referências a todos aqueles e aquelas que pretendam enfrentar o tema sobre diversidade em suas pesquisas e reflexões. Por fim, que este debate não se encerre aqui, e que o conceito de *diversidade* possa estar constantemente sendo atualizado conforme as transformações do nosso tempo-espaço.

REFERÊNCIAS

ABBAGNANO, N. **Dicionário de filosofia**. São Paulo: Martins Fontes, 2007.

AZOULAY, A. **Message from Ms Audrey Azoulay, Director-General of UNESCO, on the occasion of World Day for Cultural Diversity for Dialogue and Development**. 21 May 2020. Disponível em: https://unesdoc.unesco.org/ark:/48223/pf0000373505_eng.locale=en. Acesso em: 8 jun. 2021.

BALLESTRIN, L. Para transcender a modernidade. Entrevista ao Instituto Humanitas Unisinos. **Revista do Instituto Humanitas Unisinos**, 4 nov. 2013. Disponível em: http://www.ihuonline.unisinos.br/index.php?option=com_content&view=article&id=5258&secao. Acesso em: 30 jan. 2020.

BHABHA, H. A questão do "outro": diferença, discriminação e o discurso do colonialismo. *In*: HOLLANDA, H. B. (org.). **Pós-modernismo e política**. Rio de Janeiro: Rocco, 1991. p. 177-203.

BRUCE, S.; YEARLEY, S. **The Sage dictionary of sociology**. London: Sage Publications, 2006.

BUTLER, J. **Corpos em aliança e a política das ruas**: notas para uma teoria performativa de assembleia. Rio de Janeiro: Civilização Brasileira, 2018.

CARVALHO, D. G. de. A Revolução Francesa dos historiadores: os trabalhos que formaram o nosso conhecimento sobre o tema (Artigo). **Café História – história feita com cliques**, 7 out. 2019. Disponível em: https://www.cafehistoria.com.br/historiografia-da-revolucao-francesa/. Acesso em: 11 dez. 2020.

CBD – Convention on Biological Diversity. Conference of the parties to the Convention on Biological Diversity. *In*: 10TH MEETING OF THE

CONFERENCE OF THE PARTIES (COP10). Disponível em: http://www.cbd.int/nagoya/outcomes. Acesso em: 2 abr. 2020.

COULDRY, N. **Media, society, world**: social theory and digital media practice. Cambridge: Polity, 2012.

COULDRY, N. Editorial: Dossiê mídia, reconhecimento e constituição de subjetividades. **Contracampo**, v. 38, n. 32, 2018.

DUMONT, L. **Essais sur l'individualisme**: une perspective anthopologique sur l'idéologie moderne. Paris: Éditions du Seuil, 1983.

DUMONT, L. **Homo hierarchicus**: the caste system and its implications. New Delhi: Oxford University Press, 1999.

DUMONT, L. **Homo hierarchicus**: o sistema de castas e suas implicações. São Paulo: Edusp, 1997.

EINHORN, E. **Old french**: a concise handbook. Cambridge: Cambridge University Press, 1974.

FALCÃO, M.; VIVAS, F. MPF pede explicações a Weintraub por críticas às expressões 'povos indígenas' e 'povo cigano'. **G1**, 2020. Disponível em: https://g1.globo.com/politica/noticia/2020/05/26/mpf-pede-explica-coes-a-weintraub-por-declaracoes-sobre-termos-povos-indigenas-e-po-vo-cigano.ghtml. Acesso em: 13 out. 2020.

FLOOD, A. Publisher defends diversity drive after Lionel Shriver's attack. **The Guardian**, 11 jun. 2018. Disponível em: https://www.theguardian.com/books/2018/jun/11/publisher-defends-diversity-drive-after-lionel--shrivers-attack. Acesso em: 13 abr. 2020.

GEERTZ, C. Os usos da diversidade. **Horizontes Antropológicos**, n. 5, 1999.

GRAMMARPHOBIA. **How diverse is diversity?**, 2014. Disponível em: https://www.grammarphobia.com/blog/2014/04/diversity.html. Acesso em: 13 abr. 2020.

HABERMAS, J. **Mudança estrutural da esfera pública**: investigações quanto a uma categoria da sociedade burguesa. Rio de Janeiro: Tempo Brasileiro, 2003.

HALL, S. The spectacle of the other. *In*: HALL, S. (ed.). **Representation**: cultural representation and signifying practices. Thousand Oaks: Sage Publications, 1997. p. 223-290.

HAMILTON, A.; MADISON, J.; JAY, J. **O federalista**: tomo segundo. Rio de Janeiro: Typ. Imp. e Const. de J. Villeneuve e Comp., 1840.

HEILBORN, M. L. Gênero e hierarquia. **Estudos Feministas**, n. 1, p. 50-82, 1993.

HOBSBAWN, E. J. **A revolução francesa**. Rio de Janeiro: Paz e Terra, 1996.

HOLLANDA, H. B. **Explosão feminista**. São Paulo: Companhia das Letras, 2018.

HONNETH, A. **Luta por reconhecimento**: a gramática moral dos conflitos sociais. São Paulo: Ed. 34, 2003.

HONNETH, A. **Freedom's right**. Cambridge: Polity, 2014.

JACKS, N.; SCHMITZ, D.; WOTTRICH, L. Comunicación en Jesús Martín-Barbero: incursiones a tres obras fundantes. *In*: RINCÓN, O. (ed.). **Un nuevo mapa para investigar la mutación cultural**: diálogo con la propuesta de Jesús Martín-Barbero. Quito: Ciespal, 2019. p. 25-58.

JACOBS, J. **Morte e vida de grandes cidades**. São Paulo: Editora WMF Martins Fontes, 2011.

LYOTARD, F. **O pós-moderno**. Rio de Janeiro: Editora José Olympo, 1988.

MAIA, R. C. M. **Recognition and the media**. Basingstoke: Palgrave Macmillan, 2014.

MARTÍN-BARBERO, J. De la filosofia a la comunicación. **Umbral XXI**, n. 4, p. 34-39, 1990.

MARTÍN-BARBERO, J. **Dos meios às mediações:** comunicação, cultura e hegemonia. Rio de Janeiro: Editora UFRJ, 2001.

MARTÍN-BARBERO, J. Tecnicidades, identidades, alteridades: desubicaciones y opacidades de la comunicación em el nuevo siglo. **Diálogos de la comunicación**, n. 64, 2002.

MARTÍN-BARBERO, J. As formas mestiças da mídia. **Revista Fapesp,** São Paulo, 2009a. Disponível em: https://revistapesquisa.fapesp. br/2009/09/01/as-formas-mesticas-da-midia/. Acesso em: 24 jan. 2020.

MARTÍN-BARBERO, J. Uma aventura epistemológica. [Entrevista cedida a] Maria Immacolata Vassalo Lopes. **Matrizes,** v. 2, n. 2, 2009b.

MENDONÇA, N. D. **O uso dos conceitos:** uma questão de interdisciplinaridade. Petrópolis: Vozes, 1985.

MISKOLCI, R. **Teoria queer:** um aprendizado pelas diferenças. Ouro Preto: Ed. Autência/Ufop, 2016.

MORIN, E. **Introdução ao pensamento complexo**. Porto Alegre: Sulina, 2011.

OLIVEIRA, R. D. de. **Elogio da diferença:** o feminismo emergente. São Paulo: Editora Brasiliense, 1992.

ONLINE Etimology Dictionary. **Diversity,** s/d. Disponível em: https:// www.etymonline.com/word/diversity. Acesso: em 13 abr. 2020.

ORTIZ, R. **Mundialização e cultura**. São Paulo: Editora Brasiliense, 1994.

ORTIZ, R. **A diversidade dos sotaques**. São Paulo: Brasiliense, 2008.

ORTIZ, R. **Universalismo e diversidade:** contradições da modernidade-mundo. São Paulo: Boitempo, 2015a.

ORTIZ, R. Entrevista com Renato Ortiz: "Porque o mundo é comum, o diverso torna-se importante". [Entrevista cedida a] MELLO, H.; BATISTA, A.; GUSMÃO, J. **Cadernos Cenpec**, v. 5, n. 1, 2015b. Disponível em: http:// dx.doi.org/10.18676/cadernoscenpec.v5i1.324. Acesso em: 3 abr. 2020.

ORTIZ, R. As celebridades como emblema sociológico. **Sociol. Antropol.**, v. 6, n. 3, 2016. Disponível em: http://www.scielo.br/scielo.php?script=sci_arttext&pid=S2238-38752016000300669&lng=pt&nrm=iso. Acesso em: 4 abr. 2020.

PIERUCCI, A. F. **Ciladas da diferença**. São Paulo: Editora 34, 1999.

POOLE, Steven. Does the word 'diversity' really only have one meaning? **The Guardian**, 13 jun. 2018. Disponível em: https://www.theguardian.com/books/2018/jun/13/diversity-one-meaning-lionel-shriver-steven-poole. Acesso em: 13 abr. 2020.

RÉMOND, R. **Introduction à l'histoire de notre temps I**: l'ancien régime et la révolution (1750-1815). Paris: Éditions du Sueil, 1974.

ROCHA, E. **O que é etnocentrismo?** São Paulo: Editora Brasiliense, 1988.

SANTOS, L. B. O conflito social como ferramenta teórica para interpretação histórica e sociológica. **Boletim do Museu Paraense Emílio Goeldi. Ciências Humanas**, v. 9, n. 2, p. 541-553, maio-ago. 2014.

SEYMOUR-SMITH, C. **Macmillan dictionary of anthropology**. London: Macmillan Press, 1986.

SILVA, K.; SILVA, M. **Dicionário de conceitos históricos**. São Paulo: Contexto, 2009.

TAYLOR, C. The politics of recognition. *In*: TAYLOR, C. *et al.* **Multiculturalism**: examining the politics of recognition. New Jersey: Princeton University Press, 1994. p. 25-74.

THOMPSON, J. B. **A mídia e a modernidade**: uma teoria social da mídia. Petrópolis: Ed. Vozes, 2014.

UNESCO. **Declaration universelle de L'UNESCO sur la diversité culturelle**. France: Unesco, 2002.

UNESCO. Em dia mundial, UNESCO defende respeito à diversidade de tradições e identidades culturais. **Nações Unidas Brasil**, 2018. Disponível em: https://nacoesunidas.org/em-dia-mundial-unesco-defende-respeito-a--diversidade-de-tradicoes-e-identidades-culturais/. Acesso em: 2 abr. 2020.

VOIGT, A.; WURSTER, D. Does diversity matter? The experience of urban nature's diversity: Case study and cultural concept. **Ecosystem Services**, v. 12, p. 200-208, 2014. Disponível em: https://doi.org/10.1016/j.ecoser.2014.12.005. Acesso em: 2 abr. 2020.